Danko Rabrenović

DER BALKANIZER

Ein Jugo in Deutschland

Unter Mitwirkung von
Sebastian Brück

TAG &
NACHT

Einige Namen und Daten wurden geändert, um die Persönlichkeitsrechte der Akteure zu wahren.

Verlagsgruppe Random House FSC-DEU-0100
Das für dieses Buch verwendete
FSC®-zertifizierte Papier *Super Snowbright*
liefert Hellefoss AS, Hokksund, Norwegen.

1. Auflage
Copyright © 2012 by Tag & Nacht, Köln
in der Verlagsgruppe Random House GmbH.
Dieses Buchprojekt wurde vermittelt durch die
Literaturagentur Swantje Steinbrink.
Satz: Uhl + Massopust, Aalen
Druck und Bindung: GGP Media GmbH, Pößneck
Printed in Germany
ISBN 978-3-442-83007-7

www.tagundnacht-verlag.de

Widmung und Danksagung

Dieses Buch möchte ich gerne meinen deutschen Freunden widmen, die mir geholfen haben, hier eine neue Heimat zu finden. Danke für eure Unterstützung, Freundschaft und Liebe: Helmut Hofer, Sandra Bamberger, Ulf Richter, Martin Schulte (†), Marion Matschuck, Elisabeth Schäfer-Wünsche, Ralph Stövesandt, Olaf Butler, Familie Francke, Marion Mentzel, Tobias Nowak, Jona Teichmann, Sebastian Brück, Karl Heinz Pütz...

Vorwort

»*Bedenke, wenn du an jemand etwas auszusetzen hast, dass die meisten Menschen es im Leben nicht so leicht gehabt haben wie du.*«

Ich war immer fasziniert von diesem edlen, klugen Satz, mit dem F. Scott Fitzgeralds Meisterwerk »Der große Gatsby« beginnt. Es ist aber sehr schwer, diesen Gedanken im Alltag umzusetzen... In der Tat hat jeder Mensch andere Möglichkeiten, je nachdem, wo und wie er aufwächst. Dieser Hintergrund ist und bleibt immer ein Teil unserer Persönlichkeit. Die große Kunst ist, dass wir uns für unsere Biografie weder schämen noch besonders stolz auf sie sind.

Als ich mit dem »Balkanizer«-Buch begann, kam mir der Satz Fitzgeralds immer wieder in den Sinn, denn ich schrieb über meine Begegnungen in Deutschland – und somit auch über andere Menschen: »Jugos« und Deutsche. Es war mir schnell klar, dass die Themen, die ich in diesem Buch anspreche, sehr komplex und alles andere als einfach sind. Aber mir war wichtig, dass ich »meine Geschichte« möglichst authentisch und ohne unnötiges »Make-up« erzähle. Einfach so, wie sie ist: Meine sehr persönliche, subjektive Sicht auf das Leben in einer Multikulti-Gesellschaft. Meine »Weltanschauung«, die auf meinen Erfahrungen basiert. Ich hoffe jedoch, dass sich die Leserinnen und Leser in manchen Beobachtungen wiederfinden. Aber vor allem hoffe ich, dass diejenigen, die völlig andere Erfahrungen und Anschauungen haben, vielleicht ein paar neue Denkanstöße bekommen.

Das Buch ist also keineswegs die Geschichte eines Zuwanderers, der das »Integrationsrezept« gefunden hat, sondern eine Sammlung von Geschichten aus meinem Alltag in Deutschland.

Danko Rabrenović

1

Zwischen zwei Welten

Am glücklichsten bin ich, wenn ich im Flugzeug sitze – egal in welche Richtung! Dieser Satz stammt nicht von mir, ich habe ihn ausgeliehen. Und ich bin überzeugt, der Satz-Erfinder hätte nichts dagegen einzuwenden. Schließlich haben er und ich etwas gemeinsam. Er ist ein in New York lebender Lateinamerikaner und bezieht sich auf regelmäßige Flüge zwischen seinen Heimaten Puerto Rico und den USA. Ich bin ein in Düsseldorf lebender Jugo* mit serbischem und kroatischem Pass. In meinem Fall heißt es also: Am glücklichsten bin ich, wenn ich im Flugzeug zwischen Deutschland und dem Balkan sitze – egal in welche Richtung.

Auf den Originalsatz bin ich als Anglistik-Student an der Düsseldorfer Heinrich-Heine-Universität gestoßen. Damals interessierte ich mich besonders für Minority Studies. Oft ging es dabei um afroamerikanische Musiker und Filmemacher. Und, allgemeiner, um Literatur der Minderheiten und Einwanderer in den USA. Ich war ziemlich verblüfft, als ich in den Texten und Lebensgeschichten dieser Menschen meine eigene Geschichte wiederfand. Wir schrieben das Jahr 1995, ich war 26, vier Jahre zuvor nach Deutschland geflüchtet, und all-

---

* Steht in diesem Buch für Menschen aus dem ehemaligen Jugoslawien. Obwohl sich die meisten heute als Serben, Kroaten, Bosnier oder Slowenen bezeichnen, werden sie in Deutschland immer noch häufig Jugos genannt.

mählich wurde mir klar, dass Menschen im Exil immer nach den gleichen Mustern leben. Demnach ist meine deutsche Exil-Geschichte ähnlich wie die US-amerikanische eines Mexikaners oder Puerto Ricaners. Ich war noch nie in Mexiko oder Puerto Rico, und ich habe bislang auch nur wenige Menschen aus diesem Teil der Welt kennengelernt. Trotzdem konnte ich die Probleme und Gefühle, die sich in ihren Texten spiegelten, nachempfinden und eins zu eins auf meine Situation übertragen. So beschrieb der puerto-ricanische New Yorker zum Beispiel, wie sehr ihm die Oberflächlichkeit vieler Amerikaner auf die Nerven ging, wie ihn die Hektik der Metropole New York stresste, wie er sich nach Hause zurücksehnte. Dort wartete all das, was er in New York nicht hatte und nun schmerzlich vermisste: Familie, alte Freunde, Strand, schönes Wetter, puerto-ricoanisches Essen und Lebensgefühl. Doch jedes Mal, wenn er in seine erste Heimat flog, war er schon nach zwei Tagen fix und fertig. Ihn störte, wie ziellos und gleichgültig einige seiner Freunde in den Tag hinein lebten. Ihn störte die fehlende Privatsphäre im Haus seiner Familie. Aber am meisten störte ihn, dass viele Menschen immer wieder den gleichen korrupten Lokalpolitikern vertrauten. Das ist ja schrecklich hier, dachte er in solchen Momenten, hier ist auch kein Paradies, ich will wieder zurück nach New York, zurück in meine Wohnung, zurück zu meinen neuen Freunden, zurück in meinen geregelten Arbeitsalltag.

Inspiriert von diesen Geschichten, begann ich eine eigene kleine Exil-Theorie zu entwickeln: Wenn du unfreiwillig von Land »A« nach Land »B« umziehst – ob aus wirtschaftlicher Not, aufgrund von Krieg oder politischer Verfolgung –, befindest du dich im Exil. Zunächst stört dich vieles. Ständig vergleichst du »B« mit »A« – und »B« kann dabei nur verlieren.

Doch mit der Zeit erkennst du auch die positiven Seiten deiner neuen Umgebung. Der Wunsch, »A« nie verlassen zu haben, verblasst. Denn hättest du »B« nie kennengelernt, fehlten dir wichtige Erfahrungen. Der Ortswechsel öffnet deine Augen für einen kritischen Blick auf »A«. Und nun steckst du in einem Dilemma. Dir wird bewusst, dass du weder in »A« noch in »B« hundertprozentig glücklich sein wirst. Am liebsten wäre dir eine »C«-Variante, die das Beste aus beiden Welten vereint. Aber die gibt es nicht. Also arrangierst du dich mit einem Leben zwischen oder in zwei Welten. Das schafft der eine besser, der andere schlechter.

Belgrad – die Stadt, in der ich aufgewachsen bin – ist für mich »A«. Nie werde ich das Datum vergessen, an dem ich Belgrad hinter mir lassen musste: 4. August 1991. Mit einer Verkehrsmaschine der jugoslawischen Airline *JAT* landete ich in der Stadt, die in den kommenden Jahren meine »B«-Heimat werden sollte: Düsseldorf. In Belgrad war kurz zuvor die Mobilmachung angekündigt worden. Junge Männer wie ich, die nach dem Abitur den einjährigen Militärdienst abgeleistet hatten, mussten sich in einer der Belgrader Kasernen melden. Dort erhielten wir komplette Militäruniformen und damit die Ansage: Haltet euch bereit!

Damals arbeitete ich als Kamera-Assistent in dem Belgrader Büro des kroatischen Fernsehens *HTV*. Auf täglich vier bis fünf Pressekonferenzen von Regierung, Politikern und Parteien erfuhr ich aus nächster Nähe, was in der Luft lag. Der Vielvölkerstaat Jugoslawien brodelte, und die von einem Groß-Serbien träumenden Nationalisten hatten die Lunte fürs Feuer längst gelegt. Ich erlebte, wie Ministerpräsident Ante Marković zusammen mit seinem »Bund der Reformkräfte Jugoslawiens« versuchte, unseren Staat zu retten. Ich war dabei, als internationale Politiker wie US-Außenminister James Baker und sein italienischer Amtskollege Gianni de Michelis nach Belgrad kamen, um Serbiens Präsident Slobodan Milošević vom Kriegskurs abzubringen. Und ich erlebte, wie serbische Generäle nicht müde wurden zu erklären, Kroaten und Slowenen könnten sich auf etwas gefasst machen, falls sie sich für unabhängig erklären sollten. Dann werde es ernst, das würde man sich nicht gefallen lassen. Ich war mittendrin – und es war nicht schwer zu erahnen, in welche Richtung sich der Konflikt entwickeln würde. In Slowenien gab es erste Kämpfe und erste Tote; bis zur Eskalation war es nur noch eine Frage der Zeit. Gleichzeitig weigerte sich etwas in mir, den Ernst der Lage zu akzeptieren. Es konnte doch nicht sein, dass mein Land im Krieg versinken würde. Wieso sollte es plötzlich wichtig sein, ob man Serbe oder Kroate war? Ich war erschüttert, fühlte mich ohnmächtig.

Meine Mutter drängte mich, nach Deutschland zu gehen. Dort lebten ihre Cousine Sonja und ihr deutscher Mann Helmut.

»Was hast du schon zu verlieren«, sagte meine Mutter, »geh einfach zwei bis drei Monate dorthin und lerne ein bisschen Deutsch, das wird dir nicht schaden.«

Tante Sonja und Onkel Helmut wohnten in Recklinghausen. Ein Jahr zuvor hatte ich sie während einer Interrailtour besucht. Ihr Leben in einem Mittelschicht-Viertel mit gepflegten Einfamilienhäusern samt Garten war irgendwie ganz nett und sehr geordnet. Bei dieser Gelegenheit hatte ich mir auch noch Bochum, Düsseldorf und Köln angeschaut – und einen zwiespältigen Eindruck mit nach Hause genommen: Ein äußerst organisiertes Land, dieses Deutschland, mit viel Geld, aber für meinen Geschmack doch etwas zu langweilig und ordentlich. Vor allem Recklinghausen kam mir im Vergleich zur

Zwei-Millionen-Metropole Belgrad wie ein Dorf vor. Deshalb hielt sich meine Lust, nach Deutschland zu gehen, in Grenzen – trotz der desolaten Situation in Belgrad. Aber ich hatte keine Alternative. Wenn ich blieb, würde ich kämpfen müssen. Und ich wollte nicht kämpfen. Für niemanden. Für wen hätte einer wie ich auch an die Front gehen sollen? Ich war einer von ein paar Millionen Jugoslawen, die aus einer Mischehe stammen. Mischehe hieß im ehemaligen Jugoslawien nicht, dass der Vater männlich und die Mutter weiblich ist, sondern dass die Eltern unterschiedliche Volkszugehörigkeiten hatten. Bei mir: Vater – Serbe, Mutter – Kroatin. Solche Kategorien hatten mich nie interessiert, ich war als Jugoslawe erzogen worden, und als solcher fühlte ich mich auch. Wen sollte ich also umbringen? Zuerst meine Mutter? Oder zuerst meinen Vater? Obwohl ich den obligatorischen Militärdienst abgeleistet hatte, war ich Pazifist. Außerdem galt meine Sympathie am ehesten den Muslimen in Bosnien, die am wenigsten auf den kommenden Krieg vorbereitet waren...

Also kaufte ich schließlich ein Flugticket »Belgrad-Düsseldorf-Belgrad«. Den Rückflug musste ich innerhalb von drei Monaten antreten, solange durfte ich mich mit meinem jugoslawischen Pass als Tourist ohne Visum in Deutschland aufhalten.

Sonja und Helmut holten mich am Düsseldorfer Flughafen ab und wir fuhren nach Recklinghausen. Da war ich also wieder, in einem riesigen Haus mit Garten, Schwimmbad, drei Kindern, zwei Autos, Hund und Katze... Aus dieser friedlich-deutschen Idylle heraus verfolgte ich in den kommenden Wochen und Monaten, wie mein Land auseinanderbrach. Täglich telefonierte ich mit meinen Eltern und meinem Bruder Boris, der noch zur Schule ging und zu jung für die Mobilmachung war.

Drei Mal war die Militärpolizei in unserer Wohnung aufgetaucht und hatte nach mir gefragt. Ich sei zum Studieren im Ausland, hatten meine Eltern erklärt, aber sie hätten momentan keinen Kontakt zu mir.

Wäre ich damals in Belgrad geblieben, wäre ich womöglich in Vukovar ums Leben gekommen. Rund um diese ostkroatische Stadt nahe der serbischen Grenze fand eine der ersten großen Schlachten dieses Krieges statt. Vukovar wurde von der serbisch dominierten jugoslawischen Volksarmee belagert, unterstützt von serbischen Freischärlern. Dabei sind Hunderte ehemalige Grundwehrdienstleistende aus meiner Generation ums Leben gekommen. Es gab Gerüchte, dass die Armee dort bevorzugt Männer aus Mischehen und Angehörige von Minderheiten wie Roma und Albaner verheizte. Und dass ich aus einer gemischten Ehe stamme, konnte man sich leicht zusammenreimen, denn in meinem Personalausweis stand unter Geburtsort Zagreb, die Hauptstadt Kroatiens und Heimat meiner Mutter.

Die ersten Wochen und Monate in Deutschland waren furchtbar. Ich hatte ein glückliches Leben in Belgrad zurückgelassen: meine Familie, meine Freundin Vesna, mit der ich schon seit fünf Jahren zusammen war, meine Freunde, meine Band *Amadis* (wir hatten eine Platte bei einem Majorlabel herausgebracht und wollten gerade so richtig durchstarten) und meine Arbeit als Kamera-Assistent, die mir Spaß machte, mit der ich gut verdiente und viel herumkam. Dieses Rundum-Wohlfühl-Paket wollte ich zurückhaben. Doch die Botschaften meiner Eltern und Freunde aus der Heimat waren unmissverständlich: »Gut, dass du dort bist, hier ist es schlimm… und es wird noch schlimmer!« Sie rechneten damit, dass sich der Krieg auf Bosnien-Herzegowina und den Kosovo ausbreiten würde.

Ich aber war auf dem Nostalgietrip: In Belgrad ist alles schöner als in »Schrecklinghausen«. Dabei fehlte es mir bei Sonja und Helmut an nichts. Mein älterer Cousin Boris, der damals auf einer Internatsschule war, hatte mir sogar erlaubt, mich in seinem Zimmer einzurichten. Trotzdem fühlte ich mich wie in einem Käfig. Manchmal passte ich auf meinen kleinen Cousin David und seine Schwester Meret auf oder ging mit dem Hund Blacky spazieren. Ansonsten dachte ich an Belgrad, schaute CNN, dachte an Belgrad, schaute CNN und dachte an Belgrad... Ich war wie gelähmt. Ich gehe ja sowieso bald wieder zurück – das war der alles bestimmende Gedanke, der mich gefangen nahm und davon abhielt, mich auf Deutschland einzulassen.

Es dauerte vier Jahre, bis ich Belgrad wiedersah. Ein Schock. Kaum angekommen, verflüchtigten sich die angestauten nostalgischen Erinnerungen innerhalb von vier Minuten. Mit jedem Schritt spürte ich: Das ist eine andere Stadt, das ist nicht mehr »mein« Belgrad. Wie war das möglich? Klar, ich hatte vier Jahre in Deutschland gefrühstückt, geatmet, gelebt – aber hatte mich der deutsche Alltag so stark verändert? Oder hatte sich meine Heimatstadt verändert? In Belgrad erschien mir alles dreckig, dunkel und verkommen. Und verglichen mit dem Geist, der nun herrschte, erschienen mir die nationalistischen Vorbeben, die ich noch miterlebt hatte, harmlos. Es kam mir vor, als wäre ein Haufen Scheiße an die Oberfläche geschwemmt und hätte alle wichtigen Institutionen des Landes überflutet. Der Präsident Slobodan Milošević hatte einen umfassenden Kontrollapparat installiert. Halbgebildete und Mafiagangster waren binnen kurzer Zeit zu Wortführern in Politik, Militär, Kultur und Medien aufgestiegen. Die wenigen kritischen Intellektuellen wurden überhört, zu Verrätern oder

Spionen erklärt – oder hatten das Land verlassen. Über die Medien wurde den Menschen eine rosarote Glamourwelt vorgegaukelt. Viele waren sich gar nicht bewusst, dass Sarajevo und Dubrovnik bombardiert wurden, denn im Fernsehen sah man den ganzen Tag über nichts anderes als südamerikanische Daily Soaps und halb nackte, mit riesigen Silikonbrüsten bewaffnete Turbofolk-Sängerinnen. Turbofolk – das war ein Teil von Miloševićs Ablenkungsstrategie. Bis heute löst die billig produzierte Mischung aus Volksmusik, Schlager, Pop und Techno Brechreiz bei mir aus.[*]

Als ich nach den desillusionierenden Tagen in Belgrad wieder im Flugzeug nach Düsseldorf saß, dachte ich zum ersten Mal: Vielleicht ist es gar nicht so schlecht, dass ich mir in Deutschland etwas aufgebaut habe – und freute mich seltsamerweise auf die Rückkehr.

Was war in meinem Exil-Leben passiert? Ich hatte eine französische Freundin, mit der ich zusammenwohnte. Ich sprach Deutsch – mit rollendem »rrr«, aber ziemlich fließend. Gemeinsam mit deutschen Musikern hatte ich die Funk-Rock-Band *The Wrong Side* gegründet. Und ich war Student an der Heinrich-Heine-Universität Düsseldorf. Dennoch: Diese plötzliche Verbundenheit mit Deutschland verwirrte mich, und ich brauchte eine ganze Weile, um mich neu zu finden. Weder wollte ich meine Kultur aufgeben und mich in einen Deutschen verwandeln, noch wollte ich dauerhaft zurück nach Belgrad. Ich schwebte irgendwie dazwischen, hatte in meinem Düsseldorfer Alltag sowohl mit Jugos und anderen Migranten als auch mit Deutschen zu tun. Anders als die meisten Gleichaltrigen mit exjugoslawischen Wur-

---

[*] Mehr zu meiner Turbofolk-Allergie: Seite 89 ff.

zeln in Deutschland war ich kein »Gastarbeiterkind«*. Aber was war ich dann? Und wie nannte man den Zustand, in dem ich mich befand? Schließlich gaben mir die Anglistik-Seminare etwas, an dem ich mich festhalten konnte. Und so kam es, dass die Lebensgeschichte eines Puerto-Rico-New Yorkers einem Balkan-Düsseldorfer half, endlich Frieden mit seinem Leben im Exil zu schließen.

Heute, nach zwanzig Jahren in Deutschland, durchströmt mich immer noch ein tiefes Glücksgefühl, wenn ich in Richtung Belgrad einchecke: In ein paar Stunden treffe ich Verwandte, alte Freunde und Bekannte wieder. Und im Flugzeug bin ich dann voller aufgeregter Vorfreude. Vorfreude auf lange vermisste Theatervorstellungen und Konzerte in meiner Muttersprache. Vorfreude darauf, mich in einer Stadt zu bewegen, in der alle um mich herum meine Sprache sprechen. Vorfreude auf die schrägen Geschichten der Belgrader Taxifahrer. Auf leckere Balkan-Spezialitäten. Auf unplanbare, unkalkulierbare Tagesabläufe mit jeder Menge Überraschungen. Vorfreude auf all das, was mir nur Belgrad und der Balkan geben können. Doch schon kurz nach der Landung lauern die ersten Stolpersteine. Da ist zum Beispiel diese Grenzpolizistin, die sich per Handy über Kochrezepte austauscht und gleichzeitig, ohne Begrüßung und ohne aufzublicken, die Pässe der Ankommenden kontrolliert und stempelt. Herzlich willkommen auf dem Balkan! Sobald du etwas erledigen musst – ob auf der Bank, in der Post oder im Rathaus –, merkst du, dass die Situation noch chaotischer ist als im Sozialismus. Der eine sagt

---

* Heute haben sich als politisch korrekte Bezeichnungen »zweite Generation« und »Jugendliche mit Migrationshintergrund« etabliert. Ich benutze aber den in meinen Ohren realitätsnäheren Begriff »Gastarbeiterkind«. Auch viele Gastarbeiterkinder, mit denen ich gesprochen habe, bezeichnen sich so.

dies, der andere das, Kaffeepause hier, Kaffeepause da, keiner weiß so richtig Bescheid. Sogar für Kleinigkeiten brauchst du irgendeine Beziehung oder Geld zum Schmieren. Und wenn du niemanden kennst und kein Geld hast, stehst du eben dumm da.

Bei jedem Balkanbesuch stoße ich auf eine Menge Dinge, über die ich mich aufrege. Schön, dass ich hier war, denke ich nach einer Woche, aber nun reicht es. Und wenn ich dann wieder im Flugzeug Richtung Deutschland sitze, steigt exakt die gleiche Vorfreude in mir auf wie beim Hinflug. Ich freue mich auf das, was ich mir in Deutschland aufgebaut habe. Auf meine Familie, die ich hier gegründet habe. Auf meine Arbeit beim Radio. Auf meinen deutsch-balkanesischen Freundeskreis. Aufs Musikmachen. Ich freue mich auf genauso viele Dinge wie auf dem Hinflug. Zu Hause in Düsseldorf – da weiß ich, was mich erwartet; da kenne ich mittlerweile die verbindlichen Regeln, um dieses oder jenes Problem zu lösen.

Offenbar habe ich die heiß ersehnte Variante »C« meines kleinen Exil-Modells gefunden. Sie liegt weder in Belgrad noch in Düsseldorf, weder auf dem Balkan noch in Deutschland. Im Laufe der Jahre hat sie sich still und heimlich in meinem Alltag eingenistet, ist Teil meiner Persönlichkeit geworden. Etwas, das in mir schlummert. Nur im Flugzeug zwischen Deutschland und dem Balkan hat das »C« seinen großen Auftritt. Es kommt für zwei Stunden nach oben und manifestiert sich in purem Glück. Vielleicht kennt mich das Bordpersonal auf den Flügen Düsseldorf-Belgrad-Düsseldorf und Düsseldorf-Zagreb-Düsseldorf schon: Ich bin derjenige, der zwei Stunden lang versonnen lächelt, weil er sich darauf freut, heimzukommen!

Partisanen-Deutsch

Einmal habe ich aus Versehen ein neues deutsches Wort erfunden. Per SMS fragte ich einen deutschen Freund: »Bist du telefonierbar?« Er verstand sofort, dass ich wissen wollte, ob er gerade sprechen kann, und war begeistert von der neuen Wortkreation. Offenbar sind auch die deutsche Sprache und ich im Laufe der Jahre so etwas wie gute Freunde geworden. Als ich 1991 bei der Familie meiner Tante in Recklinghausen ankam, war daran überhaupt noch nicht zu denken... Wie wahrscheinlich viele Jugos fand auch ich Deutsch unheimlich hässlich. Und zwar – wie das bei Vorurteilen meistens so ist –, ohne dass ich bis dahin besonders oft Kontakt mit dieser Sprache gehabt hatte. Verantwortlich waren wohl die alten jugoslawischen Partisanen-Filme im Fernsehen, die wir als Kinder mit großen Augen verfolgt hatten. Dort hießen die Deutschen mit Vornamen »Hans« und mit Nachnamen »Schulz«. Und statt zu sprechen, schrie Hans Schulz Worte wie »Halt!«, »Schnell!« und »Achtung! Achtung!«. Das klang aggressiv und brutal – und alles andere als sexy. Kaum verwunderlich also, dass Deutsch vor meinem Zwangsexil die letzte Sprache war, die ich lernen wollte.

In Recklinghausen versuchte ich, meine Situation pragmatisch zu sehen. Ich lebte im Haus meiner Tante Sonja. Mit ihr sprach ich Serbisch*, mit Onkel Helmut und Cousin Boris Englisch und mit Cousine Meret und Cousin David ein Gemisch aus Englisch und Deutsch. Da mein Partisanen-Deutsch ziemlich begrenzt war, meldete ich mich bei der Volkshoch-

---

* Da ich in Belgrad aufgewachsen bin, wird die ehemalige Amtssprache »Serbokroatisch« bzw. »Kroatoserbisch« – heute je nach Region Serbisch, Kroatisch, Bosnisch, Montenegrinisch – in diesem Buch der Einfachheit halber meistens als »Serbisch« bezeichnet.

schule an. »Deutsch – Grundstufe 1«. Zweimal wöchentlich. Der Deutschkurs war sogar in doppelter Hinsicht gut für mich, denn ich habe dort andere »Jugos in Deutschland« getroffen. Man könnte sogar sagen, meine deutsche Sozialisierung begann an der VHS Recklinghausen. Die Jugos stammten hauptsächlich aus Bosnien-Herzegowina und waren vor dem Krieg geflohen. Außerdem waren in dem Kurs noch eine Slowakin, die mit einem Engländer verheiratet war, ein Engländer, der mit einer Deutschen verheiratet war, sowie mehrere Polen und Türken. Natürlich kam ich am leichtesten mit den Jugos ins Gespräch. Bei manchen war es von Anfang an sehr entspannt, nach dem Motto »Hej, super, wir sind Landsleute«. Andere waren erst einmal vorsichtig, schließlich herrschte in unserer Heimat Krieg, und einige hatten wirklich Schlimmes erlebt. Wenn mich jemand fragte, woher ich käme, sagte ich: »Aus Belgrad.« Doch »aus Belgrad« kann alles heißen. Ich konnte genauso gut ein serbischer Nationalist oder Milošević-Fan sein wie jemand, der wegen Milošević das Land verlassen hat. Mit der Zeit wussten aber alle, dass meine Mutter Kroatin ist und ich in Zagreb geboren und sowieso alles andere als nationalistisch eingestellt war. Da die Jugos in meinem Kurs andere Jugos in Recklinghausen und Umgebung kannten, die wiederum welche kannten, trafen wir uns schon bald auch außerhalb des Unterrichts: meine erste kleine Jugo-Clique in Deutschland.

Nach drei Monaten stand fest, dass ich vorerst in Deutschland bleiben würde, und ich wechselte von der VHS Recklinghausen an die Uni Bochum. Mein Onkel Helmut, der dort Professor für Mathematik war, hatte herausgefunden, dass es beim AStA* einen täglichen Intensivkurs Deutsch gab.

---

* Allgemeiner Studierendenausschuss

»Deutsch – Grundstufe 2«

Also fuhr ich jeden Morgen mit dem Zug nach Bochum. Und zwar gemeinsam mit Nenad – einem Mischehe-Freund aus Belgrad, der mittlerweile ebenfalls bei Sonja und Helmut Zuflucht gefunden hatte. Die beiden hätten damals wohl am liebsten alle Jugo-Pazifisten zu sich nach Recklinghausen geholt...

Da wir auch bei dem AStA-Kurs nicht die einzigen Jugos waren, wuchs unser Freundeskreis plötzlich rasant. Wir trafen uns zum Fußballspielen, guckten ab und zu gemeinsam Jugo-Filme (ohne Hans Schulz), feierten Geburtstage, oder wir spielten einfach Gitarre, sangen alte Lieder und erzählten uns gegenseitig Witze. Natürlich haben wir uns auch Gedanken über die aktuelle Lage im zerfallenen Jugoslawien gemacht: Wie ging es Eltern und Familie? Wie gefährlich war ihre Situation? Wie hatte sich der Alltag unserer Freunde in Sarajevo, Zagreb und Belgrad verändert?

Wir waren eine bunte Truppe von rund 15 Leuten, in der alle Regionen und Religionen des Landes vertreten waren: Teki aus Zagreb, Damir und Senida aus Sarajevo, Nebojša aus Karlovac, Ismail aus Zenica, Nenad aus Belgrad... Mit den meisten habe ich bis heute Kontakt, einige sehe ich sogar regelmäßig. Freundschaften fürs Leben.

Nach einigen Monaten »Deutsch, Grundstufe 2« konnte ich typische Alltagssituationen mehr oder weniger auf Deutsch bewältigen. Was mir allerdings gehörig auf den Geist ging, war das Buchstabieren. In diesem Land musste man alles buchstabieren, um zu wissen, wie es geschrieben wurde. Wie nervig! Ich war nämlich mit dem berühmten Leitsatz des Sprachreformators Vuk Stefanović Karadžić aufgewachsen: Schreibe so, wie du sprichst! Was wiederum bedeutet: Lies so, wie es geschrieben steht. Diese Regel lässt sich bei uns ganz einfach umsetzen, denn wir haben dreißig Buchstaben, denen exakt dreißig Laute zugeordnet sind. Die Buchstaben entsprechen mehr oder weniger denen im deutschen Alphabet; nun muss man nur noch acht Sonderbuchstaben lernen, zum Beispiel č, ć, đ oder š. Das war's. Während man also im Deutschen für das aus vier Lauten bestehende Wort »Deutsch« sieben Buchstaben benötigt, wären es auf Serbisch eben nur vier: »Dojč«. Dennoch würde ich nicht behaupten, dass Serbisch eine besonders einfache Sprache ist. Wir haben immerhin sieben Fälle, und ich kenne einige mit Jugos verheiratete Deutsche, die erhebliche Probleme mit unserer Grammatik und erst recht mit der Aussprache haben. Aber zumindest gibt es anders als im Deutschen keine Doppellaute wie »eu«, »ei« und »au«, über die Sprachschüler immer wieder stolpern. Ebenso wenig kennen wir ein Doppel-t, Doppel-n, Doppel-m, Doppel-f, Doppel-b, Doppel-l oder Doppel-s. Warum wird das eine deutsche Wort mit zwei aufeinanderfolgenden »t« geschrieben, das andere aber nur mit einem? Solche Fragen gehörten zu meinem Kursalltag – und folglich auch das Buchstabieren. Und was buchstabiert man in einem Deutschkurs als Allererstes? Seinen Namen. Nie zuvor hatte ich meinen Namen buchstabiert. Denn egal, ob jemand Petrović oder Rabrenović heißt, dank Vuk Stefanović Karadžić weiß jeder Jugo, wie der Name geschrieben wird. Auch wenn er ihn zum ersten Mal hört.

Im Deutschkurs wurde wieder und wieder das gleiche Programm abgespult: »Wie heißen Sie?« Da saßen dann auch Koreaner und Japaner mit für europäische Ohren ungewöhnlichen Vornamen. Bei denen war das Buchstabieren überaus sinnvoll, da keiner so recht wusste, wie die Namen in unsere lateinische Schrift »übersetzt« wurden. Kam ich schließlich mit meinem Vornamen an die Reihe, sagte ich: »Ich heiße

Danko. Wie ›Danke‹ – aber mit o am Ende.« So drückte ich mich jedes Mal erfolgreich vor dem verhassten Buchstabieren.

Einige in der Klasse guckten etwas komisch, und Ljilja, eine Klassenkameradin aus der Vojdovina, lachte sich schlapp; sie erzählt die Wie-danke-aber-mit-O-am-Ende-Geschichte noch heute.

Mit dem Buchstabieren wurde ich auch am Telefon konfrontiert:

»Wie heißen Sie noch mal? Richard, Anton, Berta...?«

»Nein, ich heiße weder Richard noch Anton und schon gar nicht Berta. Mein Name ist Rabrenović!«

Aber nicht nur das Buchstabieren machte das Telefonieren am Anfang so schwierig für mich. Wenn ich bei Tante Sonja ans Telefon ging, meldete ich mich immer mit »Hallo?«, weil ich das aus Belgrad so kannte und davon ausging, dass auch in Deutschland der Anrufer weiß, wen er gerade anruft. In diesem Fall die Nummer meiner Tante. Oft kam dann trotzdem die Frage: »Wer ist da bitte?«

Und ich fragte irritiert zurück: »Und wer ist da bitte? Sie wissen doch, welche Nummer Sie angerufen haben.«

Dann nannte der Anrufer seinen Namen und fragte, ob er Sonja sprechen könne.

»Sonja ist nicht da«, antwortete ich.

»Und wer sind Sie?«

»Ich bin der Neffe vom Balkan.«

»Ach so, warum haben Sie das nicht gleich gesagt?«

Klarer Fall von kulturellem Missverständnis: In Deutschland meldet man sich am Telefon immer mit Namen, sowohl privat als auch geschäftlich. Und in Ex-Jugoslawien meldete man sich wie in vielen südeuropäischen Ländern lediglich mit einem knappen »Hallo?«. Ich finde die deutsche Regelung extrem umständlich. Den Vor- und den Nachnamen am Telefon zu sagen, hat für mich etwas von militärischer Disziplin: Telekommunikationssoldat Rabrenović meldet sich gehorsamst zur Telefonannahme. Und militärische Disziplin ist mir spätestens seit meinem Militärdienst zuwider.

Dass ich mit Nenad und den anderen Jugos im Deutschkurs saß, half mir zwar, mein Heimweh etwas zu lindern. Allerdings litt der Kontakt zu den Deutschen. Es fehlte einfach der Zwang, Deutsch zu sprechen. Einige der Jugos, die ich in Recklinghausen und Bochum kennenlernte, hatten aber zum Glück vorwiegend deutsche Freunde. Mit denen sprach ich zwar anfangs noch Englisch, doch irgendwann probierte ich es immer öfter auf Deutsch. Das funktionierte von Tag zu Tag besser, ich hatte meine Erfolgserlebnisse und versuchte, all das umzusetzen, was ich morgens in der Schule gelernt hatte. Mittlerweile kannte ich auch Jugos, die schon lange in Deutschland lebten und perfekt Deutsch sprachen. Dachte ich zumindest, denn irgendwann fiel mir etwas Merkwürdiges auf: Riefen sie bei deutschen Freunden an, sagten sie so höfliche Sätze wie: »Könnte ich bitte Michael sprechen?« Musste es nicht korrekterweise »Könnte ich bitte mit dem Michael sprechen?« heißen? Was soll das denn nun, dachte ich. Die sind schon so lange hier und machen trotzdem solche Fehler. Wie peinlich. Oder hatte ich die mühsam gelernte Grammatik etwa komplett missverstanden? Natürlich fragte ich bei nächster Gelegenheit nach. Das Ganze klärte sich erstaunlich schnell auf: Aus meiner Muttersprache war ich daran gewöhnt, entweder eine Präposition vor den Namen zu setzen oder den Namen im richtigen Fall zu deklinieren, aber im Deutschen war das offenbar anders. Doch woher sollte man so etwas wissen? Überhaupt konnte man sich bei dieser Sprache einfach nie sicher sein, dass einen nicht aus dem Hinterhalt irgendeine Ausnahme von der Regel überfiel. »Du musst noch viel lernen, Danko«, sagten meine Freunde mit typisch ironischem Jugo-Unterton, »aber immerhin weißt du jetzt, wie man in Deutschland korrekt telefoniert. Fehlt also nur noch, dass du eine blonde blauäugige Deutsche findest, die du öfter mal anrufen kannst, um dich wirklich optimal zu integrieren.«

Das Schicksal schien Schlitzohren zu haben; denn die Frau, die mir in den kommenden Jahren bei der Integration half, war weder blond noch blauäugig. Sie hatte grün-braune Augen und brünette Haare, hieß Caroline – und war Französin. Wir integrierten uns sozusagen im Doppelpack. Caroline absolvierte einen dieser Austauschaufenthalte, die Westeuropäer gerne machen. Deutsch hatte sie schon in Nancy in der Schule gehabt, nun war sie für sechs Monate an der Uni Bochum. »Deutsch – Grundstufe 2«. Da will eine Französin ihr Deutsch verbessern, weil das gut für die Vita und den beruflichen Werdegang ist, und dann lernt sie ausgerechnet einen Jugo-Flüchtling kennen, von dem weder Insiderwissen über die deutsche Grammatik zu erwarten ist noch Hilfe bei der richtigen Aussprache. Nenad war da schon pragmatischer. Er landete mit unserer Bochumer Deutschlehrerin Barbara in der Kiste und trainierte Tag und Nacht. Bei meiner Französin hätte es jedoch auch ein waschechter Teutone nicht geschafft, ihr den charmanten französischen Akzent abzutrainieren. Natürlich musste ich Caroline damit aufziehen: »Wie nennt man Menschen, die mehrere Sprachen beherrschen? Polyglott. Und wie nennt man solche, die zwei Sprachen beherrschen? Bilingual. Und wie heißen die, die nur eine Sprache können? Franzosen.«

»Und du?«, fragte Caroline. »Was willst du denn überhaupt? Keiner rollt doch das R so stark wie ihr Jugos!«

»Was soll ich dir sagen!? Ich spreche sechs Sprachen, die

siebte stottere ich, und Esperanto spreche ich so gut, als wäre ich dort geboren.«

Wie sagt man so schön auf Deutsch: Was sich neckt, das liebt sich. Und genau das passierte mir und Caroline. Aber nach sechs Monaten sollte Feierabend sein. Stipendium abgelaufen. Auslandsaufenthalt beendet. Caroline musste zurück nach Frankreich, denn genau wie ich war sie nicht nach Deutschland gekommen, um zu bleiben. Eigentlich. Kurze Zeit später fand Caroline einen Job in Düsseldorf. Bei einem Reiseveranstalter, der unter anderem Pauschaltrips ins Eurodisneyland Paris verkaufte. Die suchten jemand, der Englisch, Französisch und Deutsch sprach – das passte. Damit war für mich die Zeit gekommen, Schrecklinghausen Tschüs zu sagen...

Hallo Düsseldorf. Caroline und ich bezogen eine gemeinsame Wohnung – und unser Deutsch wurde langsam, aber sicher besser. Mittlerweile hatte es Englisch als gemeinsame Alltagssprache abgelöst. Schade eigentlich, dass wir damals nicht ein paar unserer Gespräche mitgeschnitten haben: Eine Französin und ein Jugo kämpfen als kongeniales Team gegen die Tücken der schwierigsten Sprache der Welt. Das waren ohne Zweifel große Momente. Besonders, wenn wir uns stritten.

»Deutsch, Oberstufe«

An der Heinrich-Heine-Universität Düsseldorf belegte ich nun die nächsten beiden Deutschkurse auf dem Weg zur unerreichbaren Perfektion: »Mittelstufe« und »Oberstufe«. Warum ich Deutsch als die schwierigste Sprache der Welt bezeichne? Weil ich nach zwei Jahrzehnten immer noch Fehler mache und bei neuen oder selten benutzten Wörtern regelmäßig mit den Artikeln kämpfe. Dummerweise haben viele Wörter, die auf Serbisch feminin oder maskulin sind, auf Deutsch genau das andere oder gar dritte Geschlecht. Bis zur korrekten Kommasetzung bin ich gar nicht erst gekommen. Bei meinem Job als Radiomoderator ist das zum Glück kein Nachteil. Ich erstelle zwar vor jeder Sendung ein Manuskript. Grammatik und Wortwahl müssen dabei natürlich stimmen, denn der Text sollte sich korrekt anhören, wenn ich ihn im Radio präsentiere. Dass ich in meinen Manuskripten manche Wörter falsch schreibe, merkt ja niemand. Eigentlich ist mein Schriftdeutsch eine Art Beta-Version der deutschen Sprache. Es gibt nur zwei Satzzeichen: Punkt und Fragezeichen.

Nach meinem Studium war ich davon überzeugt, dass sich mein Deutsch in Zukunft nicht mehr großartig verbessern würde. Aber dank der Moderation auf Deutsch setzten meine Deutschkenntnisse doch noch zu einem unerwarteten Höhenflug an. Anfangs las ich die Manuskripte einer Kollegin am Telefon vor. Irgendwann merkte ich, dass sie mich immer seltener verbessern musste. Eines Tages war der Moment gekommen, an dem ich dachte: Ich ziehe das jetzt ohne Muttersprachler-Check durch, und wenn doch noch Fehler passieren, ist es auch egal. So spricht eben ein Balkanese ...

Marke mit Akzent

Jona, meine ehemalige Redakteurin beim WDR, veräppelte mich mit dem Vorwurf, ich gäbe mir nicht genug Mühe bei der Aussprache und sei schlicht und einfach zu faul (was durchaus sein könnte). Andere denken, es handele sich um ein Hörproblem (was ich nicht glaube). Für mich hat Sprache ganz viel mit Identität zu tun. Zu sagen »Das ist meine Muttersprache, und die ist mir wichtig« ist die einzige Instanz, die zählt. Alles andere – Flaggen, Wappen, Pässe oder Stammbäume, die besagen, dass man Serbe oder Kroate oder Deutscher ist – interessiert mich nicht. Ich habe sowohl einen serbischen als auch einen kroatischen Pass, und ich würde beide Pässe, ohne zu zögern, abgeben, wenn es dafür irgendeinen Grund gäbe. Ich hänge nicht an solchen Symbolen. Aber an der Sprache, an der hänge ich sehr! Nur in meiner Muttersprache fühle ich mich wie ein kompletter Mensch, der ausdrücken kann, was ihn bewegt.

Deshalb habe ich meine Muttersprache auch an meine Tochter Maja weitergegeben. Eine große Hilfe war natürlich Majas Mutter, meine Frau Borislava, die auch aus Ex-Jugoslawien stammt. Ich bin mir aber ziemlich sicher, dass ich meine Tochter auch zweisprachig erzogen hätte, wenn meine Partnerin Deutsche gewesen wäre. Es ist mir einfach sehr wichtig, dass ich mich mit Maja auch in meiner Muttersprache unterhalten kann. Gerade, wenn es um emotionale Dinge geht. Ich möchte, dass sie mich dann wirklich versteht. Denn ihr Papa wird nie in der Lage sein, seine Gefühle auf Deutsch so zu artikulieren wie auf Serbisch.

Wie man eine Sprache lernt, ist allerdings auch Einstellungssache. Als ich begann, Deutsch zu lernen, war ich schon 22 Jahre alt. Eine mehr oder weniger erwachsene, »fertige« Persönlichkeit. Ich wusste, dass ich sowieso nie Deutsch sprechen würde wie die Deutschen oder die Jugos, die hier geboren sind. Ich kenne jedoch andere Jugo-Flüchtlinge, die trotzdem versucht haben, deutscher zu sein als die Deutschen. Sie vermieden, das »R« zu rollen, und bemühten sich, den Klang der deutschen Sprache möglichst authentisch zu kopieren. In meinen Ohren hörte sich das aber nur gewollt und unecht an. Mit viel Disziplin hätte ich es wahrscheinlich auch schaffen können, meinen balkanesischen Akzent loszuwerden, aber dann hätte ich mich nicht mehr gefühlt wie Danko Rabrenović, der jetzt akzentfrei Deutsch spricht, sondern wie Danko Rabrenović, der auf Teufel komm raus probiert, Hans Schulz zu sein. So kam es manchmal zu paradoxen Erlebnissen. Als wir mit unserer Band *Trovači* neben serbischsprachigen Songs auch ein paar Stücke auf Deutsch aufgenommen hatten, kamen Leute auf mich zu, die sagten: »Den Song ›Gastarbeiter‹ finden wir ja gut, aber vielleicht hast du ein bisschen übertrieben mit dieser Balkan-Aussprache.« Einige Hörer meiner Sendung »Balkanizer« dachten sogar, der balkanesische Akzent, mit dem ich moderiere, sei pure Imagepflege nach dem Motto: »Zu Hause und mit seinen Freunden redet er akzentfrei Deutsch, aber im Radio macht er uns den Jugo.« Nie hätte ich gedacht, dass mein Akzent jemals zu einer Art Markenzeichen werden könnte.

Einmal hatte ich einen Gast in meiner Sendung, dem einst das Gleiche passiert war: den Briten Chris Howland. In den 1950er-Jahren begann er im Nordwestdeutschen Rundfunk (NWDR), einem Vorläufer des heutigen WDR, seine Radioshows zu moderieren, und zwar mit britischer Aussprache. Viele glaubten: »Chris Howland lässt den Briten nur raushängen, weil das so sexy klingt.« Aber ich kann bestätigen: Chris Howland redet auch so, wenn Kameras und Mikrofone ausgeschaltet sind. Bei mir war er jedoch nicht wegen seines Akzents zu Gast, sondern weil er in den 1960er-Jahren als Schauspieler mehrere Filme im damaligen Jugoslawien gedreht hat, zum Beispiel »Winnetou«. Seitdem ist er mit Schlagerkönig Bata Ilić und diversen anderen jugoslawischen Sängern und Schauspielern befreundet und hat viele kleine Balkan-Anekdoten zu erzählen. Ich fühle mich Chris Howland aber auch deshalb verbunden, weil es ihm gelungen ist, sein Manko »Akzent« in eine authentische Qualität zu verwandeln. Mit meiner Art zu sprechen werde ich natürlich niemals ein politisches Magazin bei WDR5 oder NDR Info moderieren. Aber in Funkhaus Europa, einem Multikulti-Sender, der »World Wide Music« spielt und sowohl über das aktuelle Tagesgeschehen als auch über Neuigkeiten aus den Einwanderer-Communities berichtet, stoße ich auf offene Ohren.

Es hat lange gedauert, bis ich Deutsch auf höherem Niveau verstehen und sprechen konnte, doch – Akzent hin oder her – mittlerweile gibt es sogar sprachliche Sitten und Eigenheiten, die mir auf Deutsch besser gefallen als auf Serbisch. Zum Beispiel, dass man in Deutschland ab dem 15. oder 16. Lebensjahr gesiezt wird. Da bin ich aus meiner alten Heimat anderes gewöhnt: Als Teenager wirst du von jedem geduzt – vom Lehrer bis zum Nachbarn. Obwohl du selbst all diese Menschen siezen musst. Es würde als sehr unhöflich aufgefasst werden, wenn du zurückduzen würdest. In Deutschland bringt man den jungen Leuten mehr Respekt entgegen und sagt meistens »Sie«, auch wenn sie noch minderjährig sind. Das ungeschriebene Gesetz lautet: Sobald dich jemand duzt, darfst du ihn auch zurückduzen. Das gefällt mir. Auf dem Balkan werde ich selbst heute, als zweiundvierzigjähriger Sack, manchmal geduzt, und wenn das ein Kellner, Postangestellter oder Taxifahrer macht, der mich nicht kennt, dann stört mich das einfach.

Schon meine Vorfahren waren offenbar von der deutschen Sprache fasziniert, denn wir Jugos benutzen um die zweihundert Wörter mit deutschem Migrationshintergrund. Viele stammen aus der Zeit der österreichisch-ungarischen k.u.k.-

Monarchie und sind vor allem in Kroatien, Slowenien und Bosnien verbreitet. Andere haben jugoslawische Gastarbeiter mitgebracht. Deshalb geht es auf handwerklichem und technischem Gebiet besonders deutsch zu: šrafciger (Schraubenzieher), auspuh (Auspuff), borer (Bohrer), cigla (Ziegel), radkapa (Radkappe), rajferšlus (Reißverschluss)... Beim Essen merkt man hier und da den österreichischen Einfluss: viršla (Würstchen), noklice (Nockerl), knedla (Knödel)... Schön finde ich auch šlager (Schlager) und bademantil (Bademantel). Menschen, die sehr um ihr Äußeres besorgt sind, bezeichnet man als šminker (Schminker). Lustig ist frajer, abgeleitet von dem deutschen Wort Freier, doch Vorsicht: Es steht nicht für Bordellbesucher, sondern bezeichnet einen gut aussehenden jungen Mann.

Abgestempelt

Der 8. März 2007 war einer dieser wichtigen Tage in meinem Leben. Ich saß in einem Büro der Ausländerbehörde Düsseldorf und bekam meinen Pass zurück mit dem Stempel:
Niederlassungserlaubnis
Gültigkeit: unbefristet
Erwerbstätigkeit: gestattet
Keine Auflagen, keine Begrenzungen. Freiheit! Ich schaute dem schnauzbärtigen Beamten in die Augen und fragte: »Heißt das, ich könnte jetzt auch eine ćevapčići-Bude aufmachen, wenn ich wollte?«
»Äääh... Ja...«
Damit war meine Karriere als Stammgast der Ausländerbehörde nach sechzehn Jahren vorbei.
Der Weg dahin war steinig gewesen. Und ich habe mir be-

stimmt fast alle Aufenthaltstitel erarbeitet, mit denen die deutsche Bürokratie aufwarten kann: Touristenstatus, Duldung, Ausreisepflicht, Aufenthaltsbewilligung, Aufenthaltserlaubnis, Fiktionsbescheinigung, Niederlassungserlaubnis.

Bei meiner Einreise im August 1991 gab es erstmal keine Probleme, denn noch war der rote Jugo-Pass ein weltweiter Türöffner. Jugoslawien war zwar sozialistisch, gehörte aber weder der Nato noch dem Warschauer Pakt an. Es war ein blockfreier Staat, und in die meisten Länder durften wir ohne Visum reisen. Also landete ich offiziell als Tourist mit dreimonatigem Aufenthaltsrecht in Deutschland. Kurz vor Ablauf dieser Frist ging ich mit meinem Onkel Helmut zur Ausländerbehörde Recklinghausen. Dort erklärte mein Onkel freundlich: »Mein Neffe muss wegen des Krieges in Jugoslawien bei uns bleiben, er kann jetzt nicht zurück.«

Die Beamtin der Ausländerbehörde entgegnete unfreundlich: »Aber Ihr Neffe stammt doch aus Belgrad, und da ist kein Krieg.«

Mein Onkel ist Mathematiker – kein Typ, der sich großartig über unfreundliche Beamte aufregt. Er ging die Sache pragmatisch an: »Ja, aber er kommt aus einer serbisch-kroatischen Mischehe und will nicht kämpfen. Und die Militärpolizei in Belgrad sucht schon nach ihm.« Er ließ sich die Gesetzeslage erläutern und was unter diesen Umständen zu tun war. Nachdem er schließlich unterschrieben hatte, alle Kosten für mich zu übernehmen, durfte ich erstmal bleiben: Mein Jugo-Pass erhielt einen deutschen Duldungsstempel. Ich war erleichtert – doch was das Wort »Duldung« konkret bedeutete, begriff ich erst später...

Von nun an war ich kein Tourist mehr, der tun und lassen konnte, was er wollte. Ich war ein Flüchtling mit »Residenzpflicht«, der weder arbeiten noch die Grenzen Nordrhein-Westfalens überqueren durfte. Um die Duldung zu verlängern, musste ich mich regelmäßig beim Ausländeramt Recklinghausen melden. Und je länger ich mich in Deutschland aufhielt, desto kürzer wurden die Duldungszeiträume. Aus den sechs Monaten wurden irgendwann drei, bis ich mich einmal monatlich melden musste, um den Duldungsstempel für den Folgemonat zu bekommen.

Ich weiß nicht, wie das Ausländeramt Recklinghausen heute aussieht. Damals war es jedenfalls alles andere als großstädtisch. Kein Automat, wo man eine Nummer zieht und darauf wartet, dass man in eines von mehreren Büros eingelassen wird. Nur ein überfüllter Warteraum und ein Büro, das man zweimal betreten musste. Immer nach demselben Schema. Beim ersten Mal: Pass abgeben. Dann dem Befehl »Warten Sie draußen!« folgen. Etwa zwanzig Minuten später das zweite Mal: Wortlos bekam man seinen Pass mit dem neuen Stempel in die Hand gedrückt. Warum welcher Stempel für wie lange? Nachfragen waren in dem Schema nicht vorgesehen...

Die drei Duldungsjahre waren mit Abstand der schlimmste Abschnitt in meinem Aufenthaltstitelmarathon. Ich fühlte mich wie ein Bürger zweiter Klasse in einem großen Gefängnis namens NRW. Es war schon paradox: Während viele meiner Landsleute in einer überfüllten Flüchtlingsunterkunft leben mussten, wohnte ich in einem großen Einfamilienhaus mit Schwimmbad, Sauna und Garten, durfte aber nicht frei reisen. Ich war genervt, gekränkt und ausgeliefert. Jeder Gang zum Ausländeramt war eine Erniedrigung, die Duldung im Pass bedeutete permanente Unsicherheit. Es war besser, nicht aufzufallen. Denn was würde geschehen, wenn mich die Polizei mit zehn Stundenkilometer Geschwindigkeitsüberschreitung anhielt? Musste ich dann mit Sanktionen rechnen und Deutschland verlassen? Mein Bleiberecht hing an einem seidenen Faden. Selbst wenn ich völlig unverschuldet in eine Schlägerei geraten sollte, war es besser abzuhauen, als sich zu wehren. Denn ein Jugo mit einem Pass voller Duldungsstempel hatte keine Lobby.

Brot und Salz in Holland

Eines Tages rief mich ein Schulkamerad aus Belgrader Zeiten an. »Ich bin nächste Woche beruflich auf einer Messe in Frankfurt, lass uns doch dort treffen!« Frankfurt war zwar nur knapp drei Autostunden von Recklinghausen entfernt – aber unerreichbar. Meine Angst, außerhalb von NRW kontrolliert zu werden, war zu groß. Und meine Tante hatte sogar noch mehr Schiss als ich, dass ich die Duldung verlieren würde…

Ein paar Wochen später erfuhr ich jedoch, dass meine Lieblingsband Leb i Sol aus Mazedonien* in Amsterdam auftreten würde. Da konnte ich nicht widerstehen. Risiko hin oder her. Leb i Sol, eine der ersten Fusion-Combos Jugoslawiens, mischten traditionelle mazedonische Musik mit Jazz und Rock. Der Bandname bedeutet »Brot und Salz« und spielt auf eine alte mazedonische Sitte an: Gäste werden mit Brot und Salz empfangen. Seit meiner Teenagerzeit war ich Leb-i-Sol-Fan, besaß alle Platten und hatte die Band schon oft live gesehen. Das Konzert in Amsterdam durfte ich mir einfach nicht entgehen lassen. Mein bosnischer Flüchtlingsfreund Ismail, den alle Smajo nannten, wollte mitkommen. Aber auch Smajo wurde in NRW nur »geduldet«. Wir hatten zwar gehört, dass an der deutsch-niederländischen Grenze normalerweise niemand

---

* Im Zuge des Namensstreits mit Griechenland oft auch »Ehemalige jugoslawische Republik Mazedonien« genannt.

kontrollierte – und selbst wenn: Was sollte die Polizei schon machen? Uns direkt von der Autobahn per Hubschrauber auf den Balkan abschieben? Unsere Abenteuerlust besiegte die Vorsicht. Kurz vor der Grenze machten wir uns fast in die Hose... Aber nichts passierte. Keine Polizei, keine Kontrolle. Zwei Stunden später erreichten wir Amsterdam.

Das Konzert war großartig: Der Club Paradiso war gut gefüllt mit ebenso vielen Jugos wie Holländern, Leb i Sol rockten den Laden mit ihren ungeraden Balkanrhythmen, und ich fühlte mich zum ersten Mal seit Beginn meines Exils privilegiert. Ich kannte jeden Song, jedes Gitarrensolo, sang vom ersten bis zum letzen Ton mit, flippte völlig aus. Stolz auf diese Band, fühlte ich mich für einen Abend wieder frei – und glücklich, ein Jugo zu sein. Seit zwei Jahren hatte ich im Fernsehen nur beschissene Bilder vom Balkan gesehen: Krieg, Hass, Völkermord. Für die meisten Westeuropäer waren wir Barbaren, die sich gegenseitig abschlachteten. Und dann kommt da so eine geile Band aus Skopje und spielt ein fantastisches Konzert. Ich spürte: Das ist meine Kultur, das ist etwas, mit dem ich mich identifiziere. Nicht Karadžić, Mladić, Milošević und ihre Turbofolk-Welt.

Da ich Dragoljub, den Schlagzeuger der Band, kannte, feierten wir nach dem Konzert backstage weiter. Erst kurz bevor es hell wurde, machten sich Smajo und ich müde, aber zufrieden auf den Rückweg. Im Kofferraum hatten wir einen Haufen Konzertplakate: Leb i Sol, Paradiso, Amsterdam, 22. April 1993. Und auch die Rückfahrt verlief ohne Grenzkontrollen.

Etwas ist faul im Staate Dänemark

Als geduldeter Flüchtling schwamm ich nicht gerade in Geld. Am Anfang versorgten mich mein Onkel und meine Tante, auch meine Eltern schickten mir öfter etwas. Viel lieber hätte ich selbst für mich gesorgt, wie ich es aus Belgrad gewöhnt war. Doch in meinem Pass war gestempelt:

Erwerbstätigkeit: Nicht gestattet

Und dann, im Frühjahr 1994, hatte ich plötzlich einen neuen Stempel im Pass:

Ausreisepflicht

»Sie stammen aus Belgrad, und dort ist immer noch kein Krieg«, sagte die Beamtin in der Ausländerbehörde. »Sie müssen Deutschland nun endgültig verlassen und haben dafür vier Wochen Zeit.« Für solche Fälle gab es auch ein passendes Formular. Darin musste ich angeben, an welchem Tag ich freiwillig (!) aus der Bundesrepublik Deutschland ausreisen würde...

Zeit, meinen Joker ins Spiel zu bringen: Inzwischen besaß ich nämlich auch einen kroatischen Pass. Also ging ich erneut zum Ausländeramt. »Sie erzählen mir die ganze Zeit, dass in Belgrad kein Krieg ist und dass ich als Jugoslawe* deshalb ausreisen muss«, sagte ich, »aber ab heute bin ich für Sie Kroate! Und in Kroatien herrscht immer noch Krieg!« Die Beamten interessierte mein neuer Pass herzlich wenig. In Zagreb geboren, kroatische Mutter, Halbkroate, kroatischer Pass... Aber nein, von solchen Details wollte im Ausländeramt Schrecklinghausen kein Schwein etwas wissen: »Sie sind mit dem jugoslawischen Pass eingereist, ihre Wohnadresse ist in Belgrad, also müssen Sie nach Belgrad zurück.«

---

* Damals bestand (Rest-)Jugoslawien aus Serbien und Montenegro.

Das wollte ich auf keinen Fall. Nicht jetzt, wo der Krieg auf dem Balkan, besonders in Bosnien, immer schlimmer wurde und viele damit rechneten, dass er sich früher oder später nach Serbien und im Kosovo ausbreiten würde. Natürlich hatte ich oft Heimweh, doch mittlerweile konnte ich mir Deutschland als Zwischenstation gut vorstellen – und mir war längst klar geworden, dass ich nur als Student einer deutschen Universität hier bleiben konnte. Ich kannte mehrere Jugo-Flüchtlinge, die das so gemacht hatten. Und eigentlich war ich ja bereits Student, da ich mich kurz vor dem Krieg an der Uni Belgrad immatrikuliert hatte. Das und mein Abiturzeugnis aus Belgrad waren nun überaus hilfreich. Und die erforderlichen 600 Unterrichtsstunden in Deutsch hatte ich auch schon hinter mir. Als alle Dokumente übersetzt vorlagen, bewarb ich mich an der Heinrich-Heine-Universität Düsseldorf und erhielt problemlos einen Studienplatz. Es gab nur einen Haken: Das Studentenvisum musste ich höchstpersönlich bei der deutschen Botschaft in Belgrad oder Zagreb abholen. Aber was würde passieren, wenn ich dort landete? Würde man mich womöglich direkt am Flughafen verhaften und mir vorwerfen, nicht »da« gewesen zu sein, während andere fürs »Vaterland« gekämpft hatten?

Das Risiko erschien mir zu groß, ich hatte Angst, und die Ausreisepflicht saß mir im Nacken. Mir blieben nur zwei Wochen, um eine Entscheidung zu treffen. Gemeinsam mit Caroline suchte ich nach Alternativlösungen, fand aber nur eine: heiraten. Eigentlich war uns das zu früh. Ich war 25, Caroline noch ein bisschen jünger, und unter normalen Umständen wären wir sicher nicht auf die Idee gekommen, so schnell zu heiraten. Doch die Umstände waren eben alles andere als normal, und ich stand vor der Frage: Heirat oder Abschiebung? Wenn ich nach Belgrad reiste, würden wir uns vielleicht nie wiedersehen. Daher fiel die Entscheidung nicht schwer. Auf ein bürokratisches Heiratshickhack mit den deutschen Behörden wollten wir uns gar nicht erst einlassen. Wir erfuhren, dass es nahe der deutschen Grenze eine kleine dänische Stadt gibt, die sich auf Express-Hochzeiten spezialisiert hat: Tønder. Dort könne man mit wenigen Papieren heiraten, und die Hochzeit sei in der gesamten EU gültig. Damit auch die Hotels und Restaurants der Stadt ein bisschen an den ausländischen Heiratstouristen verdienten, müsse man dort allerdings mindestens ein Wochenende verbringen – Anmeldung Freitagnachmittag, Heirat Montagmorgen.

Unser Heiratsplan war so romantisch wie eine Blinddarmoperation: Damit ich als ein von Abschiebung bedrohter Flüchtling nicht untertauchen konnte, hatten meine »Freunde« vom Ausländeramt meinen jugoslawischen Pass eingezogen und mich bis zu meiner »freiwilligen« Ausreise mit einer Art Ersatzdokument ausgestattet. Obwohl ich mit meinem kroatischen Pass ohne Visum nach Dänemark einreisen durfte, musste ich erst einmal mit meinem alten jugoslawischen Pass aus Deutschland ausreisen. Solange mein jugoslawischer Pass mit dem Stempel »Ausreisepflicht« beim Ausländeramt Recklinghausen in der Schublade lag, konnte ich also nicht einfach als Kroate mit kroatischem Pass in Dänemark heiraten. Das heißt, ich musste meinen Jugo-Pass und das Ausreiseformular bei der Ausländerbehörde abholen, zur deutsch-dänischen Grenze fahren, dort das Ausreiseformular abgeben und Deutschland ganz offiziell als Jugoslawe verlassen – um dann ein paar Meter weiter mit meinem kroatischen Pass nach Dänemark einzureisen. Dort zwei Tage lang essen und trinken, um die Wirtschaft von Tønder anzukurbeln. Als Kroate Caroline heiraten. Und am Ende als mit einer EU-Bürgerin verheirateter Kroate wieder nach Deutschland einreisen.

Doch war dieser Plan realistisch? Um auf Nummer sicher zu gehen, kontaktierte ich einen Anwalt. Da in dem Ausreiseformular nicht stand, wie und in welche Richtung ich Deutschland verlassen musste, meinte der Anwalt: »Machen Sie es wie geplant... Das müsste funktionieren!«

Und so unterschrieb ich beim Ausländeramt Recklinghausen, dass ich am Freitag, den 21. Februar 1994, Deutschland freiwillig verlassen würde.

In aller Frühe fuhren wir mit Carolines kleinem Auto in Recklinghausen los. Um die romantische Stimmung perfekt zu machen, begann es auch noch zu schneien wie in den Alpen. Immer wieder Unfälle, sogar Lkw drehten Pirouetten auf der Autobahn. Erst kurz vor 14 Uhr näherten wir uns Flensburg und der deutsch-dänischen Grenze. Mittlerweile sah man überhaupt keine anderen Autos mehr auf der Straße, unser silbergrauer Renault 5 kämpfte allein gegen die Schneemassen. Wir hatten eine Mission zu erfüllen – Anmeldung beim Standesamt Tønder, spätestens bis 15 Uhr, dann machte der Laden dicht. Noch war es zu schaffen, aber ich wurde immer nervöser. Ich musste dieses blöde Ausreiseformular loswerden, damit die deutschen Grenzbeamten der Ausländerbehörde melden konnten: Der jugoslawische Staatsbürger Danko Rabrenović hat die Bundesrepublik am Freitag um kurz nach 14 Uhr freiwillig verlassen.

Wir hatten eine Ausreisekontrolle durch die deutsche Grenzpolizei erwartet, aber es kam nur eine kurze Einreisekontrolle durch die dänische Grenzpolizei. Was war denn hier los? Zum ersten Mal im Leben wünschte ich mir, so schnell wie möglich einen deutschen Polizisten zu sehen. Wir parkten, und ich stapfte zu Fuß durch den Schnee auf die andere Seite der Straße, wo deutsche Beamte die Einreisenden nach Deutschland kontrollierten. In dem Büro der deutschen

Grenzstation praktizierten ein deutscher und ein dänischer Beamter die Europäische Union, indem sie gemeinsam Kaffee tranken. Ich zeigte meinen Jugo-Pass und erklärte dem Deutschen, dass ich vor der Einreise nach Dänemark mein Ausreiseformular abgeben musste. Der Deutsche schaute sich das Formular an und blätterte durch meinen Pass. Der Däne guckte ihm über die Schulter und bekam mit, dass in meinen Pass »Ausreisepflicht« gestempelt war.

»Damit habe ich nichts zu tun.« Der Deutsche warf seinem Kollegen einen vielsagenden Blick zu. »Sie wollen nach Dänemark, dafür ist der Kollege zuständig.«

Nun zeigte der Däne auf meinen Jugo-Pass: »Ich sag es dir gleich: Mit dem hier kommst du nicht bei uns rein, Junge!«

»Moment mal«, erwiderte ich, »ich habe auch noch einen kroatischen Pass, und mit dem darf ich ohne Visum nach Dänemark reisen.«

»Mag sein«, sagte der Däne, »aber unter diesen Umständen kannst du das vergessen!«

Offensichtlich war er weit weniger liberal als die Heiratsgesetze seines Landes. Ich war kurz davor durchzudrehen: Ich stand im äußersten Norden Deutschlands mit einem Schreiben in der Hand, in dem ich mich selbst verpflichtet hatte, das Land bis Mitternacht zu verlassen. Und nun wurde ich von einem deutschen Beamten mit Mir-ist-alles-scheißegal-Haltung und einem dänischen Beamten mit Jugo-Allergie kurz vor dem Ziel aufgehalten. Der Däne beendete die europäische Kaffeepausen-Union und ging mit mir und Caroline zurück in sein Büro auf der anderen Straßenseite. Anscheinend war ich ihm lästig, denn nun schrie er mich auch noch an: »Auf diese Tour hast du bei uns keine Chance! Dein kroatischer Pass zählt nicht, du drehst jetzt um und fährst zurück nach Deutschland!«

Mir blieb nichts anderes übrig, als ihn ordentlich zusammenzuscheißen und ihm zu sagen, was für ein überheblicher Arsch er sei. Auch Caroline war komplett mit den Nerven fertig, begann zu weinen und versuchte, mich zurückzuhalten, aus Angst, man würde mich sonst verhaften.

Ich beruhigte mich und sah ein, dass wir keine Chance hatten, nach Dänemark zu gelangen. Allerdings befürchtete ich, dass man uns verbieten könnte, zurück nach Deutschland zu fahren. Denn ich hatte mich ja verpflichtet, Deutschland bis Mitternacht zu verlassen. Wieder ging ich zur deutschen Grenzstation. Aber der Beamte dort blieb seiner Scheißegal-Haltung treu: »Dieses Ausreiseformular hat das Ausländeramt Recklinghausen erstellt, wenden Sie sich an die, wir sind nicht zuständig.«

Wir waren unglaublich müde und erschöpft, es schneite immer noch. Wie sollten wir denn jetzt noch 480 Kilometer zurück nach Recklinghausen fahren? Wir stiegen ins Auto, fuhren in Flensburg ab und checkten im erstbesten Hotel ein. Dort hängte ich mich ans Telefon. Erst sprach ich kurz mit meiner Tante, dann erreichte ich den Anwalt. Ich war wütend, weil er mir versichert hatte, unser Plan würde funktionieren. Er riet: »Fahren Sie doch irgendwo über die grüne Grenze nach Dänemark!«

»Lieber Herr Anwalt«, antwortete ich, »auf den Straßen reicht der Schnee fast bis zu den Knien, alles hier ist weiß, da können Sie sich wohl ausmalen, wie die Situation an der grünen Grenze aussieht... Da komme ich nur mit einem Panzer durch.« Der Anwalt schwieg, und nach einem Blick auf die Uhr ergänzte ich: »Es ist sowieso zu spät, der Standesbeamte von Tønder geht gerade ins Wochenende.« Nun wusste auch der Anwalt keinen Rat mehr und schlug vor, am Montag mit mir zusammen zum Ausländeramt Recklinghausen zu gehen.

Auf einen Honeymoon in Flensburg hatten Caroline und ich keine Lust, und so zahlten wir nach nur zwei Stunden Ruhepause die »Hotelübernachtung«, ließen das Auto stehen und fuhren mit dem Zug zurück nach Recklinghausen... Mein Freund Nenad holte das Auto drei Tage später ab.

Etwas ist faul im Staate Dänemark – davon konnte ich nun ein Lied singen. Bis heute habe ich die dänische Grenze nicht überquert. Mit ein wenig Abstand bin ich den Dänen aber sogar dankbar, dass sie mich nicht ins Land gelassen haben, denn die Beziehung mit Caroline war ein Jahr später zu Ende.

Wer ledig ist, muss studieren

Die Ausländer-Aufsicht gewährte mir vier weitere Wochen Gnadenfrist. Nun blieb mir nichts anderes übrig, als doch einen Umweg über den Balkan zu riskieren, um mein Studentenleben in Deutschland aufnehmen zu können. Meine Mutter erkundigte sich bei der kroatischen Polizei. »Nein, wir suchen Ihren Sohn nicht, er kann kommen.« Also buchte ich einen Flug nach Zagreb, wurde bei der Polizei am Düsseldorfer Flughafen endlich das Ausreiseformular los und verließ Deutschland nach rund drei Jahren »freiwillig«. Damit war das Kapitel »Duldung« abgeschlossen: Sechs Wochen später flog ich mit dem Studentenvisum in der Tasche zurück nach Düsseldorf.

Da ich nun eine »Aufenthaltsbewilligung« in meinem Pass hatte, konnte ich mich endlich krankenversichern – und frei reisen. Allerdings ging der deutsche Staat offenbar davon aus, dass Nicht-EU-Studenten über genug Geld verfügten. Denn das Ausländeramt stempelte mir in den Pass: Erwerbstätigkeit: nicht gestattet. Mit Ausnahme einer arbeitserlaubnisfreien Beschäftigung nach Paragraf 9.

Das hieß, dass ich nur in den Semesterferien arbeiten durfte, insgesamt 90 Tage im Jahr. EU-Ausländer hingegen konnten sich ganzjährig das Studium mit Nebenjobs finanzieren. Eine absurde Situation: Ich durfte weder regelmäßig arbeiten noch BAföG beziehen, musste aber irgendwie nachweisen, dass mein Lebensunterhalt gesichert war. Bei jeder Aufenthaltsverlängerung zeigte ich ein Schreiben meines Onkels Helmut, in welchem er erklärte, dass er für mein Studium aufkomme – obwohl ich gar kein Geld mehr von ihm annahm. Ich war fest entschlossen, selbst für meinen Lebensunterhalt zu sorgen. Da ich längst gelernt hatte, den Behörden zu misstrauen, und es mir ziemlich merkwürdig vorkam, dass ich nur 90 Tage legal arbeiten durfte, beschwerte ich mich. Und siehe da: Die Auflage wurde verändert...

Erwerbstätigkeit: nicht gestattet. Mit Ausnahme einer unselbstständigen Erwerbstätigkeit von maximal zehn Stunden wöchentlich, sofern eine gültige Arbeitsgenehmigung hierfür vorliegt.

Von nun an arbeitete ich in diversen Jobs und begab mich einmal im Jahr zur Düsseldorfer Ausländerbehörde, um meine Aufenthaltsbewilligung als Student zu verlängern. Doch nach sechs Semestern wurden die Beamten pingelig. War ich etwa nur pro forma eingeschrieben, um illegal mit dem Presslufthammer auf deutschen Baustellen für Lärm zu sorgen? Das musste geprüft werden. Also benötigte ich für die Visumsverlängerung ab jetzt zusätzlich einen Nachweis der Uni: Seit wann und im wie vielten Semester ich studierte und wann mit einem Abschluss zu rechnen wäre.

Als ich das 13. Semester erreicht hatte und nur noch die Magisterarbeit sowie zwei Prüfungen fehlten, verkündete das

Ausländeramt: »Noch ein Semester, dann können Sie Ihre Koffer packen!« Heute ist das zum Glück anders: Nicht-EU-Ausländer haben nach ihrem Studium ein Jahr lang Zeit, einen Job zu finden, um hier bleiben zu können. Für mich aber hätte es nach dem Studium eigentlich nur einen Weg gegeben, legal in Deutschland zu arbeiten: nach Zagreb ausreisen und dort wieder einen Antrag bei der deutschen Botschaft stellen, diesmal auf Arbeitserlaubnis. Noch einmal sechs bis acht Wochen warten – wenn es überhaupt geklappt hätte. Zu dieser Prozedur hatte ich weder Zeit noch Lust, denn anders als zu Studienbeginn war Düsseldorf jetzt viel mehr für mich als eine Zwischenstation. Abgesehen von dem Behördenterror fühlte ich mich nämlich sehr wohl. Ich hatte meinen Alltag und meinen Freundeskreis. Man kann auch sagen: Ich war integriert.

So wird man »öffentlich interessant«

Es war also mal wieder Zeit für einen Anwalt. Ich ließ mir einen Spezialisten für Ausländerrecht empfehlen. Und – wer hätte das gedacht –, es gab doch einen Weg ohne unfreiwilligen Zwischenstopp auf dem Balkan. Ich musste lediglich eine Tätigkeit ausüben, die von »öffentlichem Interesse« war. Das ist es!, dachte ich. Schließlich war ich schon seit Jahren als freier Mitarbeiter beim WDR tätig, und der ist schließlich eine öffentlich-rechtliche Anstalt.

Mit einem Schreiben des WDR und einigen weiteren Unterlagen ging mein Anwalt zum Ausländeramt. Inzwischen hatte ich alle Magisterprüfungen bestanden. Die Anmeldung zur Magisterarbeit wollte ich aber verschieben, bis die Reaktion der Behörde auf meine WDR-Tätigkeit vorlag. Ein paar Wochen später rief mein Anwalt an: »Herzlichen Glückwunsch, Herr

Rabrenović! Sie sind nun für Deutschland öffentlich interessant und erhalten ab sofort eine Aufenthaltserlaubnis.« Doch – Überraschung – die Aufenthaltserlaubnis galt nur für ein Jahr und war verbunden mit einer Auflage:

Selbstständige Erwerbstätigkeit oder vergleichbare unselbstständige Erwerbstätigkeit nicht gestattet. Arbeitsgenehmigungspflichtige Erwerbstätigkeit nur gemäß gültiger Arbeitsgenehmigung gestattet.

Gestattet ist folgende selbstständige bzw. vergleichbare unselbstständige Erwerbstätigkeit: Tätigkeit als freier Mitarbeiter (Moderator und Autor) beim WDR in Köln.

Langer Rede kurzer Sinn: Meine Aufenthaltserlaubnis war an den Job beim WDR in Köln gekoppelt, alles andere – zum Beispiel ein Beitrag für die Deutsche Welle oder für eine lokale Zeitung – war illegal. Und selbstverständlich musste ich meinen Aufenthalt einmal jährlich verlängern lassen.

Fiktionsbescheinigung

An die Besuche bei der Ausländerbehörde ging ich nun mit viel größerem Selbstbewusstsein heran. Ich wusste, in diesem Land konnte man um sein Recht kämpfen. Schließlich war ich von »Ausreisepflicht« bis zu »Aufenthaltserlaubnis« aufgestiegen. Und nach fünf Verlängerungen hatte ich endlich die Grundlage für einen unbefristeten Aufenthaltsstatus: Mindestens acht Jahre in Deutschland, davon mindestens fünf mit Aufenthaltserlaubnis. In Behördendeutsch hieß dieser vielversprechende Titel: »Niederlassungserlaubnis«...

Der schnauzbärtige Sachbearbeiter in der Düsseldorfer Ausländerbehörde legte großen Wert darauf, dass alles mit rechten Dingen zuging. Zwar hatte ich fünf Jahre lang regelmäßig meine Kontoauszüge und meinen Krankenversicherungsnachweis vorbeigebracht, doch das reichte jetzt nicht mehr. Schwarzfahrer, Knöllchenpreller und Steuerschuldner sollten sich gefälligst nicht offiziell niederlassen, daher brauchte ich je eine Unbedenklichkeitserklärung der Stadtkasse und des Finanzamts. Außerdem eine Kopie des Mietvertrags und einen Nachweis meines Steuerberaters, wie viel ich monatlich netto verdiente. Ich zeigte dem Beamten meine Einkommenssteuererklärung vom Vorjahr und die Honorarnachweise aus dem laufenden Jahr: »Sie müssen ja nur mein Nettogehalt vom Vorjahr durch zwölf teilen – dann wissen Sie, was ich monatlich netto verdiene.« »Nein... Das geht nicht«, sagte der Beamte. »Ich bin kein Steuerberater.«

Also musste ich zwei Wochen später noch einmal kommen, um die fehlenden Unterlagen für die Niederlassungserlaubnis abzuliefern. Solange stellte man mir – gegen eine Gebühr von 20 Euro – eine Fiktionsbescheinigung aus! Wer bitte schön hatte sich bloß dieses Wort ausgedacht? Vierzehn Tage lang lief ich mit dem kuriosen Dokument durch die Gegend. Eine zweiwöchige Fiktion... Ich könnte eine Bank überfallen oder einen Beamten verprügeln – und nichts würde passieren...

Insgesamt durfte ich in den Behörden von Recklinghausen und Düsseldorf knapp zwanzig Beamte kennenlernen. Einige waren wirklich nett und höflich. Eine Beamtin beim Straßenverkehrsamt verhinderte sogar, dass ich meinen Führerschein noch mal machen musste. Denn den Jugo-Führerschein konnte man damals nur bis zu einem bestimmten Zeitpunkt umschreiben lassen, und den hatte ich natürlich verpasst. Doch die Beamtin schaute mir durch die Finger (so sagen die Balkanesen, wenn jemand ein Auge zudrückt).

Im Ausländeramt herrschte jedoch meist ein Befehlston,

der mich ein wenig an diese Hans-Schulz-Typen erinnerte. Oder es wurde gar nicht geredet, sondern nur per Handzeichen und Stempel kommuniziert. Wer etwas zu erwidern oder zu korrigieren versuchte, stieß sofort auf Widerstand: Sie haben hier gar nichts zu sagen... Meine Tante Sonja, die mich zu den ersten Terminen als Dolmetscherin begleitete, erinnert sich bestimmt noch sehr gut daran, wie ihr eine Beamtin herablassend den Qualm ihrer Zigarette ins Gesicht pustete. Aber möglicherweise sind einige der Amtsleute privat ja äußerst liberal und ausländerfreundlich und beschäftigen – natürlich an der Steuer vorbei – eine Jugo-Putzfrau oder spielen beim FKK-Urlaub in Kroatien nackt Tischtennis. Und vielleicht wären sie sogar Stammkunden bei dem Ćevapčići-Grill, den ich nie aufmachen werde.

Meine Dayton-Matte

Als Teenager hatte ich nur einen Berufstraum: Popstar. Wie John Lennon und Vlada Divljan*. Was sollte ich da an der Uni? Reine Zeitverschwendung. Doch um meine Eltern nicht unnötig zu beunruhigen, schrieb ich mich 1988 trotzdem als Russischstudent ein. Während sie als Auslandskorrespondenten in Peking gearbeitet hatten, war ich dort drei Jahre lang Schüler der russischen Schule gewesen. Daher schaffte ich die obligatorische Aufnahmeprüfung an der Uni Belgrad mit links. Die Hörsäle bekam ich allerdings nie zu Gesicht, lieber probte ich neue Songs mit meiner Band. Dann kam der Krieg...

Auch in Deutschland wollte ich unbedingt Musik machen. Und mit dem Stempel »Erwerbstätigkeit: nicht gestattet« im

---

* Sänger und Gitarrist der Belgrader Kultband *Idoli*.

Pass hatte ich schließlich jede Menge Zeit, trotz Deutschkurs. In Blättern wie »Avis« und »Reviermarkt« entdeckte ich haufenweise Musikerannoncen. Ich war begeistert, denn in Belgrad konnte man nur über Kontakte und Empfehlungen an die Szene andocken. Also meldete ich mich fleißig auf Anzeigen wie »Sänger gesucht« und »Gitarrist gesucht« und landete schon wenige Tage später im Proberaum eines indonesischen Bassisten namens Kuswandi. Er wiederum kannte einen Italo-Amerikaner namens Tony, der in Bochum eine Schlagzeugschule leitete. Der wiederum brachte den Keyboarder Ulf mit, und schon war die erste Besetzung komplett. Eine balkanesisch-deutsch-indonesisch-italo-amerikanische Gemeinschaftsproduktion.

Wir nannten uns *The Wrong Side* und spielten Funk-Rock. In den englischen Songtexten verarbeitete ich, was mich bewegte: »Let´s Stop the War!« Oder auch meine innere Zerrissenheit als in Zagreb geborener und in Belgrad aufgewachsener Serbo-Kroate: »I was born on the wrong side, I was living on the wrong side, but for me there were no sides at all.« Gleichzeitig beschloss ich, meine Haare wachsen zu lassen – bis der Krieg zu Ende wäre. Erst drei Jahre später, im Winter 1995, als das Abkommen von Dayton* unterschrieben wurde, kam meine Matte ab.

Der Drummer Tony war schon länger in der Szene unterwegs und machte unsere ersten Club-Gigs in Bochum und Umgebung klar. Natürlich mobilisierte ich meine Jugos und die anderen Ausländer aus dem Deutschkurs. Auch die Bandkollegen luden Freunde und Bekannte ein, und so traf sich bei

---

* Der Dayton-Vertrag beendete den Krieg in Bosnien-Herzegowina und wurde durch Vermittlung von den USA und der EU in Dayton (Ohio) paraphiert.

den Live-Auftritten von *The Wrong Side* schon bald eine Fangemeinde von knapp 100 Leuten. Ab und zu spielten wir auch auf Benefizveranstaltungen für Kriegsflüchtlinge aus Ex-Jugoslawien, dann wieder auf Uni-Feten oder bei kleineren Bandwettbewerben.

Bandmitglieder kamen und gingen, der Keyboarder Ulf blieb. Er arbeitete mit mir an der Musik und holte neue Musiker in die Band. Nach und nach verwandelte sich die Multikulti-Combo in eine deutsche Band mit Jugo-Frontman. *The Wrong Side* wurde neben Sprachkurs und Caroline zur dritten wichtigen Säule meines Lebens in Deutschland – und zum Integrationsbeschleuniger: Jeder Livegig mit der Band gab mir neue Kraft und machte mich glücklich. Normalerweise war ich gezwungen, möglichst leise und unsichtbar zu sein – mit meiner Band bekam ich eine kleine Bühne als Entertainer, der alles darf. Laut und unübersehbar. Ich war in der Lage, ein mehrheitlich deutsches Publikum zum Tanzen und Mitsingen zu animieren. Band und Publikum waren der komplette Gegensatz zu den Tunnelblick-Beamten der Ausländerbehörde. Menschen, mit denen ich etwas gemeinsam hatte: die Liebe zur Musik. Wo einer herkam und ob er einen Duldungsstempel im Pass hatte oder nicht, spielte in dieser Welt keine Rolle. Hier standen nicht fünf Deutsche und ein Flüchtling auf der Bühne, sondern sechs Musiker!

Eines Tages lernte ich Radi kennen, einen Jugo um die fünfzig, der mit seiner *Radis Elite Showband* in der Tanz- und Eventszene aktiv war und Songzeilen wie »Rote Lippen soll man küssen, denn zum Küssen sind sie da« zum Besten gab. Zusammen mit einem Landsmann und drei Polen brachte er das urdeutsche Publikum auf ADAC-Ball, Oktoberfest oder Hotelterrassen am Timmendorfer Strand zum Toben. Doch er war mir nicht als Botschafter des deutschen Schlagers vorgestellt worden, sondern weil er »tausend Leute« kannte und mir helfen sollte. Radi stellte den Kontakt zu Eduard, einem Jugo der zweiten Generation und studierten Sozialpädagogen, her. Eduard arbeitete beim Künstlerdienst Düsseldorf. »Vielleicht kann der was für deine Band bewegen!«

Als ich das Künstlerdienst-Büro betrat, sah ich über Eduards Schreibtisch ein großes Poster von Roter Stern Belgrad. Er stand auf, um mich zu begrüßen: »Zdravo, ich bin Edi.« Sofort wusste ich: Das ist mein Mann! Allerdings anders als gedacht. Denn fast ebenso schnell war klar, dass Edi keine »Jobs« für *The Wrong Side* vermitteln konnte. Die meisten Anfragen, die beim Künstlerdienst eingingen, betrafen Betriebsfeste und Hochzeiten, waren also eher etwas für Radi. Außerdem wartete sicher niemand in Deutschland auf einen langhaarigen Jugo-Flüchtling, der auf Englisch über Krieg und miese Zustände in seiner Heimat sang. Trotzdem war die Begegnung mit Edi ein großer Gewinn für mich. Er wurde zu meinem Seelenmasseur. Und das hatte ich leider bitter nötig, denn trotz der kleinen Erfolgserlebnisse mit der Band war meine Stimmung meistens im Keller. Die Duldung kratzte an meinem Ego und killte meine Träume. Gleichzeitig drohte mir die Abschiebung. Aber Edi glaubte an mich. »Danko, du hast was drauf, und du kannst dieser Gesellschaft etwas anbieten. Wenn du Deutschland nicht verlassen willst, dann bleibst du einfach hier.« Ich war skeptisch. Immerhin gab es da noch die Ausländerbehörde... »Und wenn du hier studieren und mit deiner französischen Freundin leben willst, dann wirst du einen Weg finden«, fuhr Edi fort. »Niemand kann dich rausschmeißen!« Wahrscheinlich guckt er zu viele Hollywoodfilme mit Happy End, dachte ich. Andererseits ist er kein Typ, der dummes Zeug redet. Eher einer, der genau weiß, wie die deutsche Gesellschaft funktioniert und wie man sein Potenzial entfaltet. Was, wenn er doch ein kleines bisschen recht hat?

Karteileiche, nein danke!

Edi half mir auch bei der Operation »Danko wird zum zweiten Mal Student«. In Belgrad hatte ich mich meinen Eltern zuliebe eingeschrieben, und jetzt war es die einfachste Methode, legal in Deutschland zu bleiben. Edi und ich blätterten durch das Vorlesungsverzeichnis der Heinrich-Heine-Universität.
»Komm, Danko! Wir suchen dir jetzt zwei Fächer aus.«
Eigentlich hätte mir eins gereicht, doch laut Studienverordnung musste ich mich für zwei entscheiden. Leider konnte man in Düsseldorf kein Russisch studieren. Also Anglistik. Immerhin hatte ich mich in Peking mit den anderen ausländischen Kindern überwiegend auf Englisch verständigt.
»Was würde dich denn sonst noch interessieren?«, fragte Edi. Da ich mir gut vorstellen konnte, mit Kindern und Jugendlichen zu arbeiten, wurde ich schließlich Student der Anglistik und Erziehungswissenschaften.

Nach dem erfolglosen Heiratsabenteuer in Dänemark und dem erfolgreichen Visumsumweg über Zagreb begann mein erstes Semester. Sonderlich ernst nahm ich das Studium nicht, aber eine Karteileiche wollte ich auch nicht werden: Ich saß in der Bibliothek und las die dort ausliegenden Zeitungen, lernte neue Leute in der Cafeteria kennen, und zwischendurch besuchte ich Seminare und Vorlesungen. Obwohl ich mich für einen begabten Improvisationskünstler hielt, musste ich schon bald drei Dinge einsehen:
1. Mein Englisch war lange nicht so gut, wie ich gedacht

hatte – ein bisschen Smalltalk unter Diplomatenkids war etwas anderes als Texte auf wissenschaftlichem Niveau zu lesen und zu schreiben.

2. Mein Deutsch war immer noch weit schlechter als mein Englisch – in den deutschsprachigen Vorlesungen verstand ich oft nur Bahnhof, bestenfalls die Hälfte, meistens weniger.

3. Das Fach Erziehungswissenschaften war wohl doch nicht so optimal für mich. Denn mit Latein und Statistik war ich nicht gerade per Du. Latein hatte ich schon auf dem Gymnasium in Belgrad gehasst, und Statistik war die nervige kleine Schwester von Mathe.

Aus diesem Dilemma führte nur ein Weg: Es musste ein neues Fach her. Und was passte besser zu einem ehemaligen Kamera-Assistenten als Medienwissenschaften? In den ersten beiden Semestern quälte ich mich durch Anglistik-Pflichten wie »Einführung in die Sprachwissenschaften« und »Phonetik«. Dann aber lernte ich nach und nach die Vorzüge des deutschen Uni-Systems schätzen. Damals konnten die Studierenden Schwerpunkte und Stundenplan noch weitgehend selbst bestimmen. Im ehemaligen Jugoslawien dagegen waren die Studiengänge ziemlich verschult gewesen. Die Profs waren die Götter, und für die Studierenden galt die Devise: zuhören, mitschreiben, auswendig lernen, Prüfung bestehen. Da war mir das deutsche Studiensystem weitaus sympathischer.

Als Student hatte ich mein Leben in Deutschland im Griff. Ich durfte wieder reisen, um meine Familie und meine Freunde in Serbien und Kroatien zu besuchen. Dieses Studium wollte ich auf jeden Fall durchziehen.

Ein Balkanese als mexikanischer Koch

Als Jugo-Student, dessen Eltern nicht in Deutschland lebten und Steuern zahlten, hatte ich kein Recht auf BAföG. Die Suche nach studentischen Nebenjobs kostete mich allerdings große Überwindung. Erstens hatte ich immer noch das Gefühl, dass mein Deutsch nicht gut genug war, um überhaupt mit irgendjemandem ins Gespräch zu kommen, zweitens war da diese Auflage in meinem Pass: Für die meisten Jobs müsste mein potenzieller Arbeitgeber eine zusätzliche Arbeitserlaubnis beantragen. Würde mich unter diesen Umständen überhaupt einer wollen?

Meine Unsicherheit hing aber ganz sicher auch damit zusammen, dass ich im sozialistischen Jugoslawien aufgewachsen bin. Dort hatte ich bis zum 18. Lebensjahr so gelebt wie die meisten Jugendlichen. Unsere »Aufgabe« war es, zu spielen und zur Schule zu gehen, die Eltern sorgten für uns... Selbstverantwortung war keine Eigenschaft, die besonders gefördert wurde. Daran änderte sich auch im Studium nichts. Die meisten Studenten in Belgrad lebten im »Hotel Mama«, und ihre einzige Pflicht im Leben war, die Uni-Prüfungen zu bestehen.

»Geh doch einfach in die Altstadt und bewirb dich als Kellner«, schlug Caroline vor. Wenn das so einfach gewesen wäre. Tagelang schlich ich durch die Gassen, spähte Kneipen und Restaurants aus, ging hinein – und traute mich dann doch nicht zu fragen. Nach einem Dutzend Rückzieher gab ich mir endlich einen Ruck und stellte mich in einer Filiale der Tex-Mex-Restaurant-Kette Chi-Chi´s vor.

»Danke, wir haben momentan keinen Bedarf an Kellnern«, sagte die philippinische Küchen-Managerin. »Aber wir suchen dringend Verstärkung für unser Kochteam. Wäre das was für Sie?« Ich brauchte ein paar Sekunden, um mich zu fangen. »Klar! Aber ich habe keine Ahnung vom Kochen. Das Einzige, was ich hinkriege, sind Butterbrote und Rühreier.«

»Macht nichts«, sagte sie, »wir bringen Ihnen alles bei.«

So startete ich eine Blitzkarriere als Koch im Herzen der Düsseldorfer Altstadt. Na ja, eigentlich war ich eher ein systemgastronomischer Zutatenzusammenmischer. Die Küchenmannschaft, bestehend aus »waschechten« Mexikanern – zwei Bosnier, drei Tamilen, eine Türkin und zwei Deutsche –, zeigte mir, wie es lief: Es gab kalte Zutaten, und es gab warme Zutaten. Einige musste man in die Friteuse schmeißen, andere kurz grillen oder in der Mikrowelle erhitzen. Außerdem war immer jemand dafür eingeteilt, frisches Gemüse zu schnippeln. Um uns herum standen große Behälter mit Gurken, Paprika, Jalapeños und Mais.

Für die Zubereitung eines Gerichts mussten wir die jeweiligen Zutaten streng abgezählt auf einem Teller platzieren. Keine sinnliche Angelegenheit, eher Fließbandarbeit. Egal, ich hatte einen bezahlten Job und wurde erfahrener und langsam selbstsicherer, das zählte.

Wenn uns die oft eintönige Tätigkeit langweilte, sorgten meine bosnischen Kollegen und ich dafür, dass Leben in die Bude kam. Die amerikanische Managementstruktur des Chi-Chi's' lieferte uns Steilvorlagen: Für jeden Pups gab es irgendwelche hochoffiziellen, aus den USA importierten Vorschriften – viele waren so übertrieben, dass man einfach nicht anders konnte, als sich darüber lustig zu machen. Besonders wenn sich Dave im Lokal blicken ließ. Dave war Amerikaner, Oberhirte unserer Filiale und Hüter aller Küchenregeln. Er machte sich wichtig, gab sich aber gleichzeitig kumpelhaft. Ab und zu stellte er sich sogar mit in die Küche und half uns beim

»Kochen«. Dann wurde es eng, denn Dave wog bestimmt doppelt so viel wie die philippinische Küchen-Managerin. Manchmal schrieb er uns detailliert vor, wie wir zu arbeiten hatten und wie man sich vor Arbeitsunfällen schützte: »Wenn ihr euch in der Küche mit einer heißen Pfanne in der Hand bewegt, müsst ihr unbedingt ›Hot pan‹ rufen!« Dave nahm seinen Job sehr ernst. Okay, dachte ich, dann tue ich das auch. Sobald ich mit einer heißen Pfanne hantierte, schrie ich so laut »Hot pan«, dass man es bestimmt bis in den Restaurantbereich hören konnte. Mindestens alle zehn Minuten einmal. »Hot paaan!!!« Meine Kollegen lachten sich kaputt. »Are you okay?«, fragte Dave. »Yes sure, everything is fine!«, versicherte ich. Und hatte Dave die Küche wieder verlassen, ging es weiter: »Hot paaan!« Gut möglich, dass Dave merkte, wie wir ihn auf die Schippe nahmen, und uns den Spaß gönnte...

Mein Job sprach sich bis nach Belgrad herum: »Was? Danko arbeitet als Koch?! In einem mexikanischen Restaurant... Der muss in Deutschland total durchgedreht sein!«

Ein knappes halbes Jahr dauerte meine Kochkarriere, dann hatte ich von Enchiladas, Tacos und Burritos die Nase voll. Jeden Abend roch meine Dayton-Matte wie eine Portion Nachos. Also beschloss ich, mir etwas Neues zu suchen.

Gut bezahlter Pflanzen- schutzmittel-Einatmer

Über die Studentenvermittlung zog ich diverse Jobs an Land. Eine Zeitlang half ich als Möbelpacker bei Umzügen, dann spielte ich mehr als zwölf Monate »Mädchen für alles« bei einer Messebaufirma. Anfangs stand ich die meiste Zeit im Lager und sortierte irgendwelchen Kram. Als aber eines Morgens ein Fahrer ausfiel, kam meine Chance. Chef: »Kannst du Lkw fahren?« Ich: »Na klar kann ich Lkw fahren!« Und ein paar Minuten später bog ich mit dem voll beladenen Laster vom Hof der Firma. Ein 7,5-Tonner mit Hebebühne – das größte Fahrzeug, das man in Deutschland ohne speziellen Lkw-Führerschein fahren darf. Ziel: Frankfurt am Main. Nach den ersten zwei Kurven merkte ich, dass das Fahrgefühl doch ein bisschen anders war als gewohnt. Kein Wunder: Ich hatte noch nie im Leben an einem Lkw-Steuer gesessen. Aber offenbar war ich talentiert, denn ich überstand meine Lkw-Jungfernfahrt ohne Unfall. Und da der Chef merkte, dass ich zuverlässig war und zwei und zwei zusammenzählen konnte, gab er mir prompt weitere, noch viel spannendere Fahraufträge...

Für die nächsten Semesterferien ergatterte ich einen der begehrten Studentenjobs bei einem Chemiekonzern. Fabrikalltag war für mich eine unbekannte Welt. Unter den Festangestellten waren viele Jugos, aber auch Deutsche, Türken, Griechen, Spanier und Portugiesen. Vor all diesen Menschen hatte ich Riesenrespekt, denn sie verrichteten extrem schwere und belastende Arbeit. In den knapp zwei Monaten sammelte ich so viele Sonderzuschläge wie möglich, um mein Konto endlich wieder ins Plus zu bekommen. Sonntagsarbeit, Nachtschicht, Überstunden. Kaum zu glauben, dass die Festangestellten dieser Tretmühle ihr ganzes Berufsleben über zwischen Früh-, Spät- und Nachtschicht pendelten. Das konnte auf Dauer nicht gesund sein. Bei meinem Job in der Abteilung »Pflanzenschutzmittel« musste man oft Atemschutzmasken tragen, denn die Anti-Ungeziefer-Stoffe waren alles andere als eine Wellnesskur für die Atemwege. Ich füllte die für den Großhandel bestimmten, körnerförmigen Mittel in Säcke ab und verschloss diese mit Hilfe einer Maschine. Dann hieß es: Etikett drauf und ab auf die Palette. Und wieder von vorn: Mittel in Säcke, verschließen, Etikett drauf, ab auf die Palette, Mittel in Säcke, verschließen, Etikett drauf, ab auf die Palette. Mindestens acht Stunden lang. Die Säcke wogen um die zwanzig Kilo. Schweißtreibend. Jedes Produkt roch anders. Meistens intensiv und stechend, immer aber unangenehm. Um überhaupt durchzuhalten, brauchte man pro Schicht vier bis fünf Pausen. Nach acht Wochen als Pflanzenschutzmittel-Einatmer freute ich mich mehr denn je auf den Vorlesungsbeginn im neuen Semester...

Von meinen ersten Ausflügen ins studentische Erwerbsleben habe ich sehr profitiert: Ich wurde finanziell unabhängig, mein Deutsch viel besser und meine sozialistische Nebenjobschüchternheit verflog. Von nun an wollte ich sehr bewusst über mein Leben entscheiden. Arbeitgeber, die meinten, ein Nicht-EU-Student müsse für jeden noch so schlecht bezahlten Job dankbar sein, waren für mich uninteressant. Für weniger als 15 DM pro Stunde würde ich mich nicht verkaufen. Und bei großen Chemieunternehmen waren sogar bis zu 25 DM Stundenlohn drin. Ich würde das Nötige zum »Überleben« tun, mich dabei aber auf keinen Fall ausnutzen und mies behandeln lassen. Oder wie man auf dem Balkan sagt: Mich würde hier keiner mehr schlecht ficken!

Musikjournalist in Postuniform

Einen Job, der die kompletten Semesterferien auffrisst, wollte ich nicht mehr. Lieber einen, den ich wie im Chi-Chi´s neben dem Studium erledigen konnte... Und dann hatte ich ihn, meinen neuen Arbeitsplatz: einen Ford-Transit-Transporter, kanarienvogelgelb. Meine Aufgabe: Pakete bei Versicherungen und anderen Großkunden einsammeln und in einem Postdepot abliefern. Mein Arbeitgeber: ein Subunternehmer mit einer Flotte von rund zwanzig Fahrzeugen.

Offiziell dauerte meine Paketexpress-Schicht fünf Stunden, dafür bekam ich eine Pauschale von 70 DM. Doch nach ein paar Wochen kannte ich mein Revier aus dem Effeff und wusste: Die Tour ist auch in drei Stunden zu schaffen. Vormittags saß ich in Seminaren und Vorlesungen, und während ich mittags in der Mensa war, gab mir die Zentrale über mein Diensthandy (1999!) die Tagesroute durch. Ein ziemlich entspannter Studentenjob.

Der Dienstwagen, den ich privat nutzen durfte, war auch bei meinen musikalischen Ausflügen dabei. Berühmte Bands hatten ihren Luxus-Nightliner, wir hatten unseren Paketexpress-Transporter. Wenn wir vorfuhren und unsere Instrumente ausluden, sorgte das bei Veranstaltern und Zuschauern immer wieder für erstaunte Blicke. Augenzwinkernd erklärte ich, dass die Post unser neuer Sponsor sei. Denn die Konzertgänger von heute seien schließlich die Paketverschicker von morgen...

Außerdem war mir mein Dienstwagen eine große Hilfe bei meinem anderen Nebenjob: Ich schrieb für ein Belgrader Musik- und Szenemagazin namens XZ. Herausgeber war ein gewisser Petar Luković. Ein Verrückter im positiven Sinne! Der Mann gilt als wandelnde Enzyklopädie der jugoslawischen Popkultur – und als einer der schärfsten Kritiker des Milošević-Regimes samt seinen Nachfolgern. Auf dem Internetportal *E-Novine* versammelt Luković heute die journalistische Crème de la Crème aus allen Teilen Ex-Jugoslawiens und gibt Themen ein Forum, die in anderen Balkan-Medien verschwiegen werden. Darum lebt Petar Luković gefährlich. Für viele Nationalisten ist er sogar der Nationalfeind Nummer eins.

Ich fühlte mich geehrt, dass er einem unbeschriebenen Blatt wie mir die Chance gab, für ihn zu arbeiten. Und ich war beeindruckt, dass er im tristen 1990er-Serbien ein in Sachen Design, Papier, Layout und Text so hochwertiges Monatsmagazin mit Korrespondenten in aller Welt auf die Beine stellte. Wir hatten einen fairen Deal: Petar stellte mir eine englischsprachige Bescheinigung als exklusiver *XZ*-Deutschland-Korrespondent aus, mit der ich mich problemlos als Journalist akkreditieren konnte. Und ich schrieb für *XZ* ohne Honorar.

Und so fuhr ich mit meinem Postexpress-Transporter zu allen möglichen Konzerten und Festivals. Einmal steuerte ich die Parkplätze der Leverkusener Jazztage an, doch ein Aufpasser wollte mich nicht durchlassen. Ich erklärte ihm, ich sei Journalist und müsse dienstlich hier parken.

»Woröm fährs do dann ene Poss-Ware?«, fragte er nicht ganz unbegründet.

»Weil das mein Dienstwagen ist«, sagte ich.

»Wat? Ech dacht, du wärs ene Schurnaless…«

»Stimmt! Ein Journalist, der auch Pakete ausfährt. Wollen Sie meine Akkreditierung sehen?«

Der Parkwächter zögerte kurz, grummelte: »Su'ne Driss kammer sech ja nit selvs usdenke«, drückte ein Auge zu und winkte mich durch.

Ein andermal verschlug es mich sogar bis nach Maastricht. Kaum angekommen, verlor ich die Orientierung. Zum Glück traf ich einen menschlichen Wegweiser mit Punkfrisur. Der war mächtig irritiert, als plötzlich ein deutscher Post-Transporter neben ihm bremste und er auf Englisch nach dem Veranstaltungsort gefragt wurde. Doch dann hob er seinen rechten Arm: »Turn left, two times!«, musterte den Paketexpressaufdruck auf dem Transporter und wechselte vom Englischen ins

Deutsche: »Du siehst gar nicht aus wie ein deutscher Postmann.«

»Ich komme vom Balkan, und das Postauto habe ich natürlich geklaut. Ehrensache!«

Er grinste und machte das Daumen-hoch-Symbol, ich bedankte mich und bog zweimal links ab.

Für *XZ* schrieb ich Rezensionen zu Dutzenden Konzerten – von Underground-Acts bis hin zu Mainstream-Stars wie Jamiroquai und U2. Eines meiner ersten Interviews führte ich mit George Clinton. Legendäre, bunt gesträhnte Dreadlockfrisur. Grauer Vollbart. »Dr. Funkenstein«, »The Godfather of Funk«. Das Gespräch fand Mitte 1999 im Backstagebereich der Live Music Hall in Köln statt. Clinton, damals 58 Jahre alt, hatte gerade ein dreieinhalbstündiges Konzert hinter sich. Er war zwar sehr freundlich, aber auch ziemlich müde – und bekifft. Mehrmals nickte er mitten im Satz ein, ich musste ihn anstupsen und mit der nächsten Frage wecken. Doch selbst im Halbschlaf war George Clinton ein echter Profi; alles, was er sagte, hatte Hand und Fuß. Meine 15 Interviewminuten vergingen wie im Flug. Als seine Managerin per Handzeichen »Gleich ist Schluss!« andeutete, fragte ich: »Können Sie sich vorstellen, dass im Weißen Haus eines Tages ein schwarzer Präsident regieren wird?« Pech gehabt. Nun war George Clinton endgültig eingeschlafen. Wahrscheinlich träumte er von seinem Song »Paint the White House Black«.

Bis heute performt George Clinton mit seiner Band in einer Art und Weise, die mich fasziniert – voller Leichtigkeit und frei von Gefallenwollen. Und mit genau der gleichen »Funk it«-Einstellung leben sie ihren Alltag. Von George Clinton habe ich gelernt, dass zu viel Ehrgeiz die Musik tötet. Einige seiner Interviewantworten habe ich ein paar Jahre später für meine

Magisterarbeit verwendet. Meine These: Afroamerikanische Musiker wie George Clinton, James Brown und Sly Stone waren wichtiger für die Emanzipation der Schwarzen in den USA als afroamerikanische Bürgerrechtler wie Martin Luther King und Malcolm X. Titel der Arbeit: »Paint the White House Black« – was sonst? Wenn ich heute Barack Obama in den TV-Nachrichten sehe, frage ich mich manchmal, wie George Clinton wohl damals auf meine letzte Interviewfrage geantwortet hätte, wenn er nicht eingeschlafen wäre...

Meine Korrespondententätigkeit für XZ dauerte nicht besonders lange: Petar musste das Magazin 1999 einstellen, es rentierte sich einfach nicht. Meinen Job als Postexpressbote musste ich ebenfalls aufgeben, weil mir das Arbeitsamt plötzlich nicht mehr die Arbeitserlaubnis erteilen wollte. Es gebe genügend Fahrer mit deutschem oder EU-Pass, die arbeitslos seien. Und nun? Zurück zu den Pflanzenschutzmitteln? Oder als mexikanischer Koch »Hot Paaaan!« schreien? Am Ende kam alles anders: Getragen von der »Funk it«-Leichtigkeit eines George Clinton landete ich mit dreißig Jahren doch noch in der gleichen Branche wie meine Eltern: beim Radio (siehe Kapitel 6).

2

Wiedersehen in Schrecklinghausen

Ein Jahr vor Beginn des Jugoslawienkrieges machte ich als Interrailer auch bei meinen Verwandten in Recklinghausen Station. Als Tante Sonja, mein kleiner Cousin David und ich einen Spaziergang machten, kam uns eine Fahrradfahrerin entgegen.

»Pass auf!«, rief Sonja mir zu.

»Die soll selber aufpassen!«, konterte ich in balkanesischer Nörgelart. Die Fahrradfahrerin raste an uns vorbei, legte nach zehn Metern eine Vollbremsung hin, drehte sich um und fragte auf Kroatisch: »Jesi ti Danko?«*

»?«

»Ich bin's, Sandra«, sagte sie.

Jetzt machte es klick: Als wir noch Teenager waren, verbrachten unsere Familien ihre Sommer immer auf einer kleinen Adria-Insel. Auch Sandra stammt aus einer Mischehe – in ihrem Fall deutscher Vater, kroatische Mutter. Ich wusste zwar, dass sie in Deutschland lebte, denn ihr Kroatisch hatte immer einen starken deutschen Akzent, und mit den Fällen stand sie auf Kriegsfuß; dass sie in Recklinghausen lebte, wusste ich allerdings nicht...

---

* »Bist du Danko?«

Als ich ein Jahr später als Kriegsflüchtling in Recklinghausen landete, wurde Sandra meine wichtigste Bezugsperson außerhalb der Familie. Wir trafen uns in Cafés und Kneipen. Da ich mich ziemlich verloren und einsam fühlte, war ich dankbar, mich mit ihr austauschen zu können. Andererseits prallten hier zwei unterschiedliche Mentalitäten aufeinander. Sandra kannte zwar die Balkanseite ihrer Familie aus dem Urlaub, aber im Alltag war sie doch viel deutscher, als ich gedacht hätte. Außerdem war sie links-alternativ und ziemlich »emanzipiert«. Und nun trat in Gestalt eines klugscheißenden Jugo-Flüchtlings die politische Unkorrektheit in ihr Leben: Sie weigerte sich, mit mir zu McDonald's zu gehen, trank gerne Glückstee und andere exotische Getränke, ich liebte ungesundes Zeug wie Cheeseburger und Fanta. Ab und zu lieferten wir uns heftige Wortgefechte über die Unterschiede zwischen Deutschen und Jugos. Wahrscheinlich war das nur möglich, weil wir uns schon so lange kannten und irgendwie mochten. Sandra zählte alles auf, was sie in Kroatien störte: »Die Frauen haben in der Familie nicht viel zu sagen, die Männer sind Machos; alle streiten permanent, fluchen um die Wette und sind unerträglich laut.« Mir wiederum gingen in Deutschland mindestens genauso viele Dinge auf die Nerven – das fing schon bei Sandras Emanzipationsgetue an: Wenn ich ihr nach unseren Kneipentreffen in den Mantel helfen wollte, lehnte sie kategorisch ab. Eine Frau wie sie konnte das alleine! Selbstverständlich konnte sie sich auch ohne männliche Hilfe eine Zigarette anzünden. Und sie fand es albern, wenn ich ihr die Tür aufhielt. Vieles, was auf dem Balkan nur höflich und bestimmt nicht anzüglich gemeint ist, kam bei Sandra gar nicht gut an. Mein Kavaliersverhalten schien sie sogar zu provozieren. Merkwürdig. Ob sich alle deutschen Frauen so benahmen? Außer Sandra kannte ich bislang nur meine Recklinghausener Deutschlehrerin Anja. Dass die sich weder Beine noch Achseln rasierte, sollte wahrscheinlich auch demonstrieren, wie »emanzipiert« sie war. Doch Emanzipation hin oder her – attraktiv fand ich das nicht.

Und noch etwas konnte ich beim besten Willen nicht kapieren: Sandra bestand immer darauf, dass wir getrennt zahlten. Eine Sitte, die meiner balkanesischen Seele total widerstrebte. Ich fand die in deutschen Lokalen übliche Frage »Zahlen Sie getrennt oder zusammen?« extrem seltsam. In Belgrad würde ein Kellner damit wahrscheinlich eine Schlägerei provozieren, denn es ist völlig klar, dass nur einer zahlen kann. Wer? Das ist eine Wissenschaft für sich. Bei uns möchte jeder gerne zahlen, und zwar zusammen und für alle. Oft geraten Freunde, Verwandte oder Bekannte sogar aneinander, weil der eine die Rechnung beglichen hat, während der andere auf der Toilette war. Die üblichen Argumente: »Ich bin der Ältere!« Oder: »Ich habe dich eingeladen, du hast doch letztes Mal bezahlt!« Dieser Streit ist ein nicht ganz ernst gemeintes Ritual und gehört bei uns dazu. Denn, egal wer diesen Kampf gewinnt, eines steht fest: Auf dem Balkan gilt Getrenntzahlen als das Allerletzte. Für alle die Rechnung zu übernehmen, ist ein Zeichen der Gastfreundschaft, der Beweis für ein großes Herz – und unsere Art, die Gemeinschaft zu beschwören, sich gegenseitig zu bekunden, dass man alles miteinander teilt.

Natürlich gibt es immer wieder Leute, die diesen schönen Brauch ausnutzen. Der berühmte serbische Dichter und Publizist Duško Radović brachte es auf den Punkt:

»In Serbien bezahlt immer derjenige, der nur ein Sakko besitzt – sprich der Ärmere. Ausgerechnet diejenigen, die mehrere Anzüge haben, vergessen ihr Portemonnaie gerne in dem Sakko, das zu Hause liegt.«

Mein deutsches Frühstückstrauma

Kurz bevor Sandra zum Studieren nach Berlin zog, versuchte sie noch, mich mit ihrer Clique zu verkuppeln, und lud mich zu einem gemeinsamen Frühstück bei einer ihrer Freundinnen ein. Ich sollte Butter und Milch besorgen. Ungläubig schaute ich sie an. »Muss man in Deutschland zum Frühstück Butter und Milch mitbringen?«

Sandra lachte. »Ja klar, der eine bringt Butter und Milch mit und die anderen halt Brötchen, Salami, Käse oder Schinken.«

Was sollte das denn? Wenn ich jemanden zu mir nach Hause zum Frühstück einlud, dann sollte er nur sich selbst mitbringen. Meinetwegen noch einen Strauß Blumen oder eine Flasche Sekt. Aber das Essen sollte gefälligst aus meinem Kühlschrank kommen.

Trotzdem kaufte ich eine Packung Butter und zwei Flaschen Milch und machte mich auf den Weg. Die Gastgeberin hatte bereits den Tisch gedeckt. Wir durften ihre Teller und ihr Besteck benutzen, dafür stellten wir unsere Frühstückszutaten in die Mitte des Tisches. Und dann durfte sich jeder nehmen, worauf er Lust hatte. So hatte ich es zumindest verstanden. Genussvoll schmierte ich mir ein Brötchen mit Nutella, betrieb ein bisschen Smalltalk auf Englisch und beobachtete ... Alle versuchten, locker zu sein und Scherze zu machen, aber irgendwie haute das nicht hin. Ich fand Sandras Freunde durchaus sympathisch, aber auch unnatürlich und verklemmt. Eine komische Truppe. Plötzlich tippte mir mein Tischnachbar auf die Schulter: »Kann ich mal etwas von deiner Butter haben?« Ich zuckte erschrocken zusammen. Hätte ich bei jeder Scheibe Schinken, jedem Brötchen und jeder Tasse Tee den jeweiligen Spender um Erlaubnis fragen müssen? Jebote! – noch nie hatte ich so unentspannt gefrühstückt. Abends berichtete ich Tante Sonja von meinem ersten deutschen Gruppenfrühstück. Sie lachte und sagte: »So ist das hier nun mal. Eine amerikanische Form der Geselligkeit, die von den Deutschen übernommen wurde. Du wirst dich schon daran gewöhnen.«

Stupid guy... Scheiße, Polizei!

In meinen ersten Monaten in Recklinghausen kümmerte ich mich häufig um meinen fünfjährigen Cousin David. Zuerst brachte ich ihm bei, alleine und im Stehen zu pinkeln. Damit war der Grundstein gelegt, ein großer selbstständiger Junge zu werden. Die zweite Lektion: Fahrradfahren. Weil das auf der Straße vor dem Haus zu gefährlich war, verlegten wir unser Training auf einen nahe gelegenen Schulhof. Es war Wochenende, kein Unterricht, keine Kinder. Wir würden also niemanden stören. Ein idealer Platz für die ersten Runden ohne Stützräder. Dachte ich zumindest. Denn schon nach zwei Minuten öffnete sich ein Fenster: »Verlassen Sie sofort das Schulgelände! Hier ist Fahrradfahren verboten!« Der Hausmeister. Ich konnte es nicht glauben. Hatte der Typ sonst keine Probleme? An einem Samstag! Ein riesiger freier Platz, keine Sau ist da, und er nervt rum! Was ging ihn das überhaupt an? Er hatte doch frei. Ich blieb stur und tat so, als wäre er gar nicht da. Der Hausmeister wurde jetzt richtig wütend und schrie uns an: »Wenn Sie nicht sofort das Gelände verlassen, rufe ich die Polizei!« Der kleine David bekam Angst und fing an zu weinen. Es war wohl besser zu gehen. Um David zu beruhigen und abzulenken, komponierte ich auf dem Weg nach Hause ein Kinderlied für ihn. Da ich damals kaum Deutsch sprach, David aber in den USA geboren ist und ein paar Brocken Englisch konnte, verständigten wir uns in naivem Deutsch-Englisch-Mischmasch. Mein Liedtext lautete deshalb auch ganz schlicht: »Stupid guy... scheiße, Polizei! Stupid guy... scheiße, Polizei!« Mein Cousin lernte den Text im Handumdrehen auswendig und sang ihn zu Hause stolz seiner Mutter vor: »Stupid guy... scheiße, Polizei! Stupid guy... scheiße, Polizei!« Meine Tante war nicht gerade begeistert und hatte große Schwierigkeiten, ihm sein neues Lieblingslied wieder abzugewöhnen. David ist trotzdem ein hervorragender Fahrradfahrer geworden. Heute lebt er in New York. Als Polizist. Was habe ich bloß falsch gemacht?

Integriller

Nicht nur die Mann-Frau-Problematik, die ich mit Sandra ausdiskutierte, wurde in Deutschland anders bewertet als in meiner Heimat. Auch sich gegenseitig im Alltag zu helfen und füreinander da zu sein, war vielen Deutschen offenbar nicht so wichtig. Immer wieder fiel mir auf, dass kaum jemand einer Mutter mit Kinderwagen die Tür aufhielt. In Bussen und Straßenbahnen sah ich, dass die meisten Jugendlichen nicht aufstanden, um alten Leuten ihren Sitzplatz anzubieten. Ich hielt die Getrenntzahler, Nicht-Tür-Aufhalter und Nicht-Aufsteher für geizig, egoistisch und schlecht erzogen. Es dauerte einige Jahre, bis ich verstand, dass man das auch ganz anders sehen kann. Unterschiedliche Systeme haben unterschiedliche Erziehungsansätze. In der deutschen Gesellschaft gilt die Maxime: Bloß nicht anderen zur Last fallen, bloß keine Schwäche zeigen. Selbst ist der Mann bzw. die Frau. Schon kleine Kinder werden darauf vorbereitet, sich im späteren Leben gegen die Konkurrenz durchzusetzen. Eigenständigkeit und Selbstverantwortung spielen eine große Rolle. Das Individuum steht im Mittelpunkt und wird gefördert. Die Philosophie im ehemaligen Jugoslawien lautete hingegen: Wir sind eine große Gemeinschaft, und wir sind aufeinander angewiesen. Wir kennen die Probleme der anderen und versuchen mit vereinten Kräften zu helfen, wo es nur geht. Gastfreundschaft steht über allem – egal, ob man sich das gerade leisten kann oder nicht.

Im Jugo-Sozialismus trugen alle Schüler einen blauen Kittel, zumindest äußerlich waren wir also gleich. Es sah so aus, als hätten alle den gleichen Lebensstandard; Kinder von Uni-Professoren und Fabrikarbeitern gingen gemeinsam auf die Grundschule und, wenn sie wollten, nach acht Jahren aufs Gymnasium, alles war geregelt.

Der sozialistische Alltag erforderte aber auch viel Improvisationstalent. So fehlte es im Belgrad der 1980er-Jahre manchmal an Benzin, Kaffee oder Öl, doch die Belgrader waren gut miteinander vernetzt und Spezialisten für Alternativlösungen. Von einer staatlich verordneten Benzinsparmaßnahme – Autos mit geraden Zahlen im Kennzeichen durften nur dienstags, donnerstags und samstags fahren, die mit ungeraden Zahlen nur montags, mittwochs und freitags – ließen sich die Menschen nicht aus der Bahn bzw. von der Straße werfen: Je nach Bedarf wurden die Autos einfach im Freundeskreis oder innerhalb der Familie hin und her getauscht... Und gab es gerade kein Pflanzenöl zum Kochen und Braten, nahm man eben Schmalz. Fehlte ein Werkzeug, kannte jeder einen handwerklich begabten Nachbarn, der es einem ausleihen konnte. Die Chance, ein bestimmtes Werkzeug oder den passenden Dübel im Baumarkt zu finden, war ziemlich gering.

Apropos Nachbarn. Während meiner Kindheit in einem Belgrader Hochhaus gehörten viele unserer unmittelbaren Nachbarn mehr oder weniger zur Familie. Kamen mein Bruder und ich aus der Schule und unsere Eltern waren nicht da, klingelten wir einfach nebenan und setzten uns dort mit an den Esstisch. Und die Nachbarskinder schauten wiederum bei uns zum Essen vorbei, wenn sie alleine zu Hause waren. Ein selbstverständliches Geben und Nehmen. Doch wie so vieles im Leben hat auch diese enge Nachbarschaftskultur ihre Schattenseiten. Oft müssen die eigenen Bedürfnisse zurückstehen: Eines Abends klingelt dein Nachbar unangemeldet bei dir und sagt: »Ich hab mich mit meiner Frau gestritten, lass uns ein paar Bierchen trinken und Fußball gucken!«, dann sitzt du stundenlang mit ihm auf dem Sofa, obwohl du Fußball total langweilig findest und eigentlich mit deiner Frau Liebe machen wolltest. Das ist nicht immer lustig.

In Deutschland haben die Menschen weit mehr Respekt vor der Privatsphäre des anderen. Vielleicht habe ich deshalb vergleichsweise selten erlebt, dass sich Nachbarn gegenseitig unterstützen. Ich erkläre mir das so: Ein Deutscher, der zwei gesunde Arme und Beine hat, fragt seinen Nachbarn lieber nicht, ob der helfen kann, den IKEA-Großeinkauf in den vierten Stock zu tragen. Nur wenn es sich überhaupt nicht mehr vermeiden lässt, bittet er – eventuell – um Hilfe. Sein Ziel ist schließlich, möglichst unabhängig zu bleiben und keine Schwächen zu zeigen. Wahrscheinlich ist es diese Einstellung, die dazu führt, dass sich die Deutschen schlecht fühlen, wenn ein anderer ihren Kaffee oder ihr Essen bezahlt – vor allem, wenn man nicht befreundet ist.

Aber liegt es auch an diesem deutschen Hang zur Unabhängigkeit, dass es relativ lange dauert, bis sich zwei Menschen anfreunden (und gegenseitig helfen)? Bei mir und den allermeisten Jugos, die ich kenne, geht das viel schneller: Ist mir jemand sympathisch, finde ich es völlig okay, wenn er mich schon zwei Tage nach unserer ersten Begegnung fragt, ob ich ihm beim Umzug helfen kann. Das gehört einfach zu unserer Jugo-Mentalität. Eine Haltung, die während meiner ersten Jahre in Deutschland zwangsläufig zu Enttäuschungen führte. Außerhalb von Musikerkreisen fand ich nur sehr schwer Anschluss. Selbst Leute, mit denen ich die Telefonnummern ausgetauscht hatte und die ich schon als zukünftige Freunde sah, meldeten sich nie wieder.

Heute bin ich da viel gelassener. Zwar fallen mir immer noch Unterschiede zwischen Deutschen und Jugos auf, aber ich bewerte sie nicht mehr. Ist eben alles eine Sache der Gewöhnung – da hatte Tante Sonja recht...

Über mein deutsches Frühstückstrauma muss ich heute schmunzeln. Und auch an getrennten Rechnungen reibe ich mich schon lange nicht mehr. Eigentlich finde ich sie oft sogar ganz praktisch, immerhin gibt es auch auf dem Balkan den Spruch »Saubere Rechnung – lange Liebe«. Nur manchmal schlägt noch die alte Jugo-Schule durch, und ich übernehme spontan für eine größere Runde die kompletten Kosten – auch wenn mein Konto danach im Minus ist. Nach der Devise: Ihr könnt mich mal, ich will nicht, dass an diesem wunderbaren Abend jeder seinen Wein und seinen Keks einzeln zahlt.

Doch mit der deutschen Grillkultur bin ich bis heute nicht warm geworden: Als Selbstversorger auf einer Grillparty auftauchen und zwei Flaschen Bier, vier Bratwürstchen und ein Schweinenackensteak nur für mich mitbringen – das kann ich einfach nicht. Wenn deutsche Freunde einen Grillabend organisieren, gehe ich vorher zu einem Jugo-Freund, der ein Restaurant hat, und besorge hundert Ćevapčići. Manchmal auch noch eine Flasche Šljivovica. Die Mitgriller, die mich noch nicht kennen, wundern sich dann und fragen: »Willst du das wirklich alles alleine essen?«

»Quatsch. Habe ich für euch aus meiner Heimat eingeschleust... Probiert mal!«

Kommt immer gut an. Denn die Deutschen sind in kulinarischer Hinsicht ein sehr offenes Volk. Danko, der integrillende Kulturbotschafter? Nein! Danko, der lieber Ćevapčići isst als Bratwurst. Und wenn ich diesen Geschmack mit anderen teilen kann, habe ich deutlich mehr Spaß. Die hundert Ćevapčići sind also purer Egoismus!

Die Wüste Gobi und der deutsche Alltag

Eigentlich bin ich kein ängstlicher Typ. Schon als Zwölfjähriger kämpfte ich dafür, alleine von Peking* nach Moskau zu reisen. Schuld daran waren meine russischen Klassenkameraden. Die behaupteten nämlich, Moskau sei die mit Abstand beste Stadt auf der Welt. »Das kann nicht sein«, hielt ich dagegen, »Belgrad ist die beste Stadt der Welt.«

Damals hatte ich natürlich keinen blassen Schimmer, dass Belgrad als Hauptstadt eines zwar sozialistischen, aber westlich orientierten Landes für die Russen so etwas wie ein zweites New York war. Wir Jugos trugen westliche Jeans und Turnschuhe, tranken Coca Cola und konnten reisen, wohin wir wollten. Und die Produkte, die wir zu Hause nicht bekamen, besorgten wir uns am Wochenende in Italien...

Zunächst nahmen meine Eltern meine Moskau-Reisepläne nicht ernst, doch als ich nicht locker ließ, schlugen sie vor: »Wenn du gute Noten hast, darfst du fahren.« Ich bekam gute Noten. Und meine Eltern mussten ihre jugoslawischen Kor-

---

* Meine Eltern arbeiteten dort als Korrespondenten.

respondentenfreunde in Moskau fragen, ob ich während der Winterferien für zwei Wochen bei ihnen wohnen könnte. Das war kein Problem, doch dummerweise waren bereits alle Flüge von Peking nach Moskau ausgebucht. Die einzige Rettung für meine Reisepläne war eine Zugfahrt nach Ulan Bator, der Hauptstadt der Mongolei. Quer durch die Wüste Gobi. Zwei Tage und zwei Nächte. Von Ulan Bator konnte ich dann nach Moskau weiterfliegen. Ich sprach Englisch und Russisch und hatte meinen Pass und ausreichend Geld dabei. Was sollte da noch schiefgehen?

Eines Abends, kurz vor Mitternacht, stand ich mit meinen Eltern und meinem sechsjährigen Bruder Boris in Peking am Bahnsteig und beobachtete, wie der Zug nach Ulan Bator einfuhr: zwei Dutzend Güterwaggons, dazwischen vereinzelte Wagen für Passagiere. Meinem Bruder war die Sache nicht ganz geheuer. »Mama, muss der Danko da wirklich mitfahren?« Außer mir stieg nur noch eine Französin in den Zug. Sie war als Kurier der französischen Botschaft unterwegs, hieß Marie und versprach meinen Eltern, auf mich aufzupassen. Wir hatten getrennte Abteile, trafen uns aber oft im Flur und quatschten auf Englisch. Zwei Tage und zwei Nächte lasen wir Bücher und hörten Musik (für etwas anderes war ich ja noch zu jung). Marie lieh mir eine Kassette mit Synthesizer-Sounds von Jean Michel Jarre, dafür versorgte ich sie mit 8oer-Jahre-Jugo-Rock von Azra.

In Ulan Bator angekommen, holte mich der Hausmeister der jugoslawischen Botschaft ab und setzte mich am nächsten Tag ins Flugzeug nach Moskau...

Vierzehn Tage später war ich zurück in Peking und hatte ein ernstes Wörtchen mit meinen russischen Klassenkameraden zu reden: Moskau war zwar interessant, hatte breite Straßen und imposante Gebäude, aber es war ganz sicher nicht die beste Stadt der Welt. Mit meinen Moonboots und Jeans war ich auf der Straße bestaunt worden wie ein Außerirdischer. Einige Leute hatten sogar versucht, mir meine Kleidung vom Körper weg abzukaufen (bei minus 20 Grad!). Die Regale der großen Kaufhäuser waren halb leer, und überall gab es nur russische Produkte mit eingraviertem Preis...

Als ich zehn Jahre später auf dem Boden der deutschen Realität landete, war ich also bestimmt recht selbstbewusst, auslandserfahren und alles andere als schüchtern. Doch nach der Anfangsphase bei Sonja und Helmut, die sich um alles gekümmert hatten, war ich plötzlich auf mich gestellt: Ein erwachsener Jugo allein in Deutschland – das war etwas anderes als ein Kind, das allein mit dem Zug durch die Wüste Gobi reist. Behördengänge, Wohnungssuche, Bewerbungen für einen Studentenjob – mit vielen Dingen war ich absolut überfordert. Denn ich kam aus einem Land, in dem Jugendliche sehr lange von der Familie und dem näheren Umfeld behütet wurden. Ein Land, in dem man, wenn überhaupt, sehr spät die Erfahrung machte, dass es manchmal notwendig ist, sich durchzuboxen und die Zähne zusammenzubeißen. Und dann war da ja noch dieses typische Jugo-Selbstbild: Wir sind klug, wir sind charmant, wir sind lustig, wir sehen gut aus, wir können alles! Für diese aufgeblasene Selbstüberschätzung ist wiederum die Erziehung verantwortlich. Schließlich waren alle Kinder in Ex-Jugoslawien »Wunderkinder«: Sie konnten singen, tanzen, malen – einfach alles. Und wenn sie dann erwachsen waren, wurden sie Champions. Ist doch klar, dass eine Jugo-Mannschaft in Jugo-Augen viiiel schöner Fußball spielt als eine deutsche – auch wenn sie gegen deutsche Disziplin und Tüchtigkeit fast immer verliert.

Schnell kapierte ich, dass niemand in Deutschland auf noch einen Jugo gewartet hat, der sich für besonders charmant und klug hielt. Viel länger dauerte es allerdings zu erkennen, dass ich mich in Deutschland möglichst nur auf mich selbst verlassen sollte. Du musst zwar für alles kämpfen – nichts fällt einfach vom Himmel –, wenn du jedoch weißt, was du willst, und hartnäckig bist, hast du eine ganze Menge Perspektiven.

Immer schön nett sein

Ich persönlich finde ja, dass Deutsche grundsätzlich erst mal höflich und nett sind – ganz anders als die Menschen auf dem Balkan. Ich weiß nicht, ob ich beim Bäcker in Belgrad jemals mit den Worten »Dann wünsche ich Ihnen noch einen angenehmen Tag« verabschiedet wurde... Zwar sind die Menschen auf dem Balkan nicht unbedingt unfreundlich, aber sie sind extremer als die Deutschen. Es gibt extreme Arschlöcher, von denen man sich fernhalten sollte, und extrem nette Menschen, die sofort ihr Herz öffnen – egal, ob man sie fünf Minuten kennt oder fünf Jahre. In Deutschland habe ich oft beobachtet, dass die allgemeine Freundlichkeit eine gewisse Unverbindlichkeit in sich birgt. So musste ich mich zum Beispiel erst mühsam daran gewöhnen, den Spruch »Wir sollten uns mal treffen« nicht zu ernst zu nehmen. In Belgrad hingegen wurde das immer – wenn irgendwie möglich – in die Tat umgesetzt. Deutsche Freunde habe ich natürlich trotzdem gefunden. Weltoffene, warmherzige Menschen, die zum Glück überhaupt nicht »immer schön nett« sind, sondern mir sehr deutlich ihre Meinung sagen. Ihnen verdanke ich, dass ich mich in diesem Land wohlfühle.

Verein, sonst allein

In Deutschland ist alles perfekt durchorganisiert – sogar das Freizeitvergnügen. So kam es mir zumindest vor, als ich hier vor fast zwei Jahrzehnten strandete. Ich hatte den Eindruck, dass sich neunzig Prozent des sozialen Lebens in Vereinen und am Stammtisch abspielten. Selbst fürs Ausflippen gibt es feste Regeln: Beim Karneval oder auf dem Oktoberfest lässt man ein paar Tage ordentlich die Sau raus, danach herrscht wieder Ruhe. Neulich meinte ein deutscher Bekannter, viele Paare würden sogar das Fremdgehen organisieren, indem sie einmal im Jahr ohne Partner mit dem Kegelverein oder der Thekenmannschaft zum Ballermann nach Mallorca führen. Und selbst die eingewanderten Jugos haben sich von der deutschen Vereinsmeierei anstecken lassen und überall »Kulturvereine« gegründet, in denen Folklore getanzt und balkanesisch gegessen wird.

In Belgrad spielten Vereine kaum eine Rolle, und die wenigen Leute, die Mitglied in Tanz-, Schach- oder Angelvereinen waren, galten als »irgendwie merkwürdig«. Wenn ich in Belgrad Fußball spielen wollte, ging ich einfach auf den Fußballplatz vor meiner Schule und spielte Fußball mit den Jungs, die gerade dort waren...

Seit meine Tochter Maja in den Kindergarten geht, weiß ich, dass auch viele Kindergartenkinder einen vollen Terminkalender haben. Eines Morgens kam die Mutter ihrer Freundin Mia auf mich zu, begrüßte mich freundlich und sagte: »Mia würde Maja gerne einladen.«

»Das ist ja super«, sagte ich, überlegte kurz und fragte: »Wann denn?«

Frau Braun lachte irritiert. »Ja, irgendwann nach dem Kindergarten, damit die beiden bei uns zu Hause spielen können.«

Ich: »Klar, gerne.«

Sie: »Wann hat Maja denn Zeit?«

Nun ist halb neun morgens zwar nicht gerade meine hellste Zeit, aber mit dieser Frage hätte ich auch um halb neun abends nichts anfangen können.

Ich: »Maja hat immer Zeit zum Spielen.«

Bei Majas Freundin Mia war das offenbar nicht ganz so einfach. Sie hatte nur freitags Zeit. An den anderen Nachmittagen standen Chorsingen, Schwimmen, Ballett und musikalische Früherziehung auf dem Programm.

Ich: »Verstehe... Dann morgen – morgen ist ja Freitag.«

Sie: »Geht leider nicht, morgen ist Mia schon verabredet.«

Schließlich beschlossen wir, dass sich Mia und Maja in der Woche drauf treffen würden. Freitag, 16 Uhr.

Wie der Privatsekretär eines Managers hatte ich das Leben meiner Tochter über eine Woche im Voraus verplant. Dabei wusste ich ja nicht mal, wo ich am nächsten Freitag um 16 Uhr sein würde. Und würde Maja in einer Woche überhaupt Lust haben, mit Mia zu spielen? Vielleicht sollte ich doch einen Verein gründen, überlegte ich. Einen, bei dem jeder automatisch Mitglied ist und kommen und gehen kann, wann er will. Ein Verein gegen straff organisierten Kinderalltag und gegen Freizeitstress bei Erwachsenen. In der Satzung dieses Vereins stünde folgender Satz ganz oben: »Wir wollen Spontaneität!« Und zwar jetzt – und nicht am nächsten Freitag um 16 Uhr.

Deutsch-balkanesische Sprachver(w)irrungen

Zwei Balkanesen ballern sich ein Schimpfwort nach dem anderen um die Ohren, bis der eine zu dem anderen sagt: »Pizda ti materina da ti pizda materina!« Der Höhepunkt der Auseinandersetzung: das Geschlechtsorgan der Mutter (»pizda«). Diese Szene stammt aus einem alten jugoslawischen Film, den ich vor einigen Jahren im deutschen Fernsehen gesehen habe. In Originalversion mit deutschen Untertiteln. Ich erinnere mich nicht mehr an den Sender, wahrscheinlich einer der öffentlich-rechtlichen. Sehr genau erinnere ich mich jedoch an die harmlose deutsche Übersetzung dieser wirklich üblen Beschimpfung: »Verdammt und noch mal verdammt!« Zugegeben: Übersetzer, die Texte aus dem Serbischen ins Deutsche übertragen, haben besonders bei Schimpfwörtern keinen leichten Job. Schließlich können sie schlecht schreiben: »Die Fotze deiner Mutter, jawohl, die Fotze deiner Mutter!« Das würde wohl kein Deutscher richtig verstehen. Denn bei Beschimpfungen trennen Deutsche und Jugos Welten. Verdammt und noch mal verdammt! Mir hat die beschriebene Filmszene jedenfalls wieder gezeigt, wie unterschiedlich Sprachen funktionieren. Und wie sehr sie die dazugehörigen Mentalitäten spiegeln. Deutsch empfinde ich als eine sehr reiche, präzise Sprache. Ideal für philosophische und technische Zusammenhänge. Aber geht es um Emotionen, hat meine Muttersprache die Nase vorn. Dabei spielen natürlich auch Schimpfwörter eine große Rolle. Das populärste deutsche Schimpfwort, Arschloch, lautet in serbischer Übersetzung »šupak« (gesprochen: Schupak) und ist für Balkanesen so harmlos wie Butterbrot. In Bosnien würde man zum Beispiel sagen: »Gdje si šupak? Šta ima?«, was frei übersetzt »Na, du

Arsch! Was gibt's?« bedeutet. Das ist keinesfalls beleidigend gemeint. Du sagst es einfach, um einen Freund zu begrüßen, der sich zwei Wochen nicht gemeldet hat. Doch Vorsicht: Auch unter Jugos kann man nicht willkürlich mit Schimpfwörtern um sich schmeißen. Wenn du jemanden, den du nicht kennst, als »šupak« begrüßt, bekommst du Ärger. Und wenn du die »pizda« irgendeiner Mutter erwähnst, könnte man meinen, du seiest lebensmüde. Bist du allerdings verärgert darüber, dass dir ein Freund etwas »erst jetzt« erzählt, sagst du: »Pa pička ti materina što mi nisi ranije rekao!« In diesem Fall ist es nämlich überhaupt kein Problem, sofort die »Fotze« der Mutter deines Gegenübers ins Spiel zu bringen, denn eigentlich willst du nur sagen: »Mensch, warum erfahre ich erst jetzt davon?« In der Balkan-Schimpfwortliga gilt eine ganz einfache Regel: Entscheidend ist, wer was zu wem in welcher Tonart sagt.

Neulich habe ich gelesen, dass es sogar Sprachwissenschaftler gibt, die sich mit Schimpfwörtern beschäftigen. Und die sind zu dem Schluss gekommen, dass in jeder Sprache und in jedem Kulturkreis jene Schimpfwörter am häufigsten vorkommen, die mit einem gesellschaftlichen Tabu verbunden sind. In einem traditionell katholischen Land wie Italien zum Beispiel spielen viele Schimpfwörter mit dem Tabu der Blasphemie: »Madonna puttana« (»Muttergottes-Hure«) oder »Porco Dio« (»Schweine-Gott«). In Deutschland scheint der Analbereich tabu zu sein, denn »Arsch« und »Scheiße« bilden eine fruchtbare Grundlage für alle möglichen Variationen. Von »Arschloch« über »Schisser« bis »Klugscheißer«. Und auf dem Balkan, wo die Familie heilig ist, »fickt« man eben Mutter, Vater, Schwester, Tante. Tabuzone Nummer eins – und somit am beliebtesten – ist allerdings das Geschlechtsorgan der Mutter. Zur Not müssen aber auch mal Lebensmittel und Haustiere dran glauben.

Die erwähnten Wissenschaftler würden wahrscheinlich zwei Jugo-Versionen des »Fickens im Streit« unterscheiden: Version a) Der Schimpfende höchstpersönlich »fickt« seinen Gegner, dessen Familie sowie ihm nahestehende Dinge. Sehr beliebt: »Jebem ti mater« (»Ich ficke deine Mutter«). In manchen Regionen sagt man sogar: »Jebem ti lebac« (»Ich ficke dein Brot«). Und in gesteigerter Form: »Jebem ti lebac krvavi« (»Ich ficke dein blutiges Brot«).

Version b) Der Schimpfende wünscht sich, dass der Beschimpfte oder ein Verwandter (im extremsten Fall – natürlich! – seine Mutter) stellvertretend von Wem-oder-was-auch-immer »gefickt« wird. Etwa: »Jebo ti pas mater« (»Der Hund ficke deine Mutter«).

Darüber hinaus gibt es neutrale Sonderfälle: »Jebiga!« (»Fick es!«). Das hat bei uns einen ähnlichen Stellenwert wie im Deutschen ein beiläufiges »Scheiße!«. Auch »U pičku materinu« (»In Mutters Fotze«) drückt im Sinne von »Verdammte Scheiße!« schlicht und einfach Wut und Empörung aus.

Im Gegensatz zu den analfixierten Deutschen schimpfen die Balkanesen eindeutig genitalfixiert – und zwar gleichberechtigt. Beide Geschlechter nehmen beim Schimpfen nicht nur das weibliche Geschlechtsorgan, sondern auch den »kurac« des Mannes ins Visier. Wenn man wütend oder schlecht drauf ist und etwas ablehnt, sagt man statt »Neću!« (»Ich will nicht!«) häufig »Hoću kurac!«, was auf Deutsch bedeutet: »Ich will meinen Schwanz!« Oder man sagt: »Ma boli me kurac« (»Mein Schwanz tut mir weh«), im Sinne von »Das ist mir scheißegal«.

Allein mit diesem Thema könnte man Bücher füllen, doch bis hierhin sollte klar sein: Wir Jugos sind Weltmeister im Fluchen! Schimpfwörter gehören zu uns wie die Luft zum Atmen. Doch wir lieben auch die Ironie und Zweideutigkeiten, daher benutzen wir Schimpfwörter nicht notwendigerweise zum Schimpfen. Anders als in Deutschland haben unsere Schimpfwörter je nach Situation und Gesprächspartner oft keinen (ver-)fluchenden oder beleidigenden Charakter – und sind damit keine Schimpfwörter mehr.

In der deutschen Sprache sehe ich aber noch mehr Potenzial für Schimpfwort-Kreativität. Mir ist in den zwanzig Jahren, die ich nun in Deutschland lebe, aufgefallen, dass es hier für so gut wie alles einen eigenen Begriff gibt. Da, wo der Balkanese eher umschreibt, kommt der Deutsche systematisch auf den Punkt. Gerne mit Ausdrücken, die aus drei, vier, fünf oder mehr Wörtern zusammengesetzt sind. Ich finde, wer der Welt Begriffe wie Kaffeemaschinenhalterung, Restmüllbehältervolumenminderung oder Bilanzrechtsmodernisierungsgesetzesentwurf schenkt, der könnte beim Schimpfen durchaus zulegen.

3

Balkanklänge

»Zugabe! Zugabe!« Das Publikum auf dem Jazzfestival in Moers feierte enthusiastisch das Boban Marković Orkestar aus Serbien. Vor dem Konzert hatte ich für die Funkhaus-Europa-Balkanmusiksendung »Corso« eine kurze Live-Schalte gemacht und ein Interview mit dem berühmten Roma-Trompeter Boban Marković für die Folgewoche aufgezeichnet. Der berufliche Teil des Tages war jetzt beendet, aber Partystimmung wollte bei mir nicht aufkommen. Obwohl die Musik aus meiner Heimat kam. Doch eigentlich war das der springende Punkt: In meiner Kindheit und Jugend in Belgrad hatten Blechorchester in erster Linie auf privaten Festen gespielt, wo es nach Schnaps stank, Frauen primitiv angebaggert wurden und Volltrunkene zwei Tage lang auf den Tischen tanzten oder unter ihnen schnarchten. Hochzeits- und Kirmesmusik – gar nicht meine Welt.

Einerseits war es für mich ziemlich ungewöhnlich, eine Roma-Blaskapelle auf einem Jazzfestival in Deutschland zu sehen. Andererseits fand ich es cool und sympathisch. Schließlich wurden die Genregrenzen in Moers nicht so eng gesehen, auch der Funk-Guru George Clinton hatte hier schon gespielt. Wie aber kam es, dass Boban Marković vor deutschem Publikum dermaßen abräumte? Klar, er und seine Jungs beherrschten ihre Trompeten, Hörner und Tubas verdammt gut. Aber viel entscheidender war vermutlich, dass Boban Marković aus dem Film »Underground« von Emir Kusturica und dem dazugehörigen Soundtrack bekannt war. Seitdem assoziierten viele Deutsche den »Menschen vom Balkan« mit diesen durchgeknallten Filmcharakteren: Balkanesen, die mit ihrer Knarre im besten Fall in die Luft schossen, nur von heute auf morgen lebten, mit allen Mitteln für die Liebe ihres Lebens kämpften und zu Blechbläsern abfeierten bis zum Umfallen – wild, exzessiv-emotional, authentisch. Alles Eigenschaften, die nicht gerade als typisch deutsch gelten und wahrscheinlich genau deshalb so viele Deutsche faszinieren. Da passen die traditionellen Roma-Lieder, die der Musiker Goran Bregović zu Kusturicas klischeehaften Kinobildern der slawischen Seele neu arrangierte, wie die Faust aufs Auge: ungezügelte Melodien, schnelle Rhythmen, rasante Bläser. Eigentlich ist es nachvollziehbar, dass die Deutschen eher von Roma-Blasmusik fasziniert sind als von einer Rockband aus Belgrad oder einer HipHop-Combo aus Split. Die Gleichung Balkan-Musik = Roma-Blasmusik entspricht Jugo = Roma-Blasmusik-Fan geht allerdings überhaupt nicht auf... Doch auch in Moers kamen nach dem Marković-Konzert diverse Bekannte mit einem »Das muss doch toll für dich sein«-Lächeln auf mich zu und waren fast entsetzt, als ich erzählte, dass ich mit solcher Musik wenig anfangen könne. Markovićs Triumph an diesem Tag im Mai 2001 habe ich ihm gegönnt, deutete ihn aber als weiteres Zeichen des bereits in der Luft liegenden Balkanmusik-Hypes. Dass die musikalische Wirklichkeit Ex-Jugoslawiens nur einseitig abgebildet werden würde, war abzusehen. Schade, denn wir Balkanesen haben viel mehr zu bieten als Goran Bregović und Roma-Blaskapellen.

Jugoslawische Neue Welle

Ausgerechnet Goran Bregović stand beim ersten Konzertbesuch meines Lebens auf der Bühne. Belgrad, 1979. Ich war zehn Jahre alt, und meine Cousine Aleksandra hatte mich zu einem Konzert von Bijelo Dugme (auf Deutsch: Weißer Knopf) geschleppt...

Mit ihren langen Matten, den hohen Absätzen und den im Schritt hautengen Schlaghosen machten Bandleader Bregović und seine Kollegen einen auf dicke Eier. Die Ideen für das Outfit übernahm Bregović von internationalen Rockgrößen wie Led Zeppelin und Deep Purple, musikalisch mischte er Rocksounds mit folkloristischen Melodien. Schon damals hatte der inoffizielle Balkanklischee-Botschafter eine Nase für den Geschmack der breiten Masse: Nach einigen Jahren setzten sich Bijelo Dugme durch, und bis heute gelten sie als die erfolgreichste jugoslawische Poprock-Band aller Zeiten. Auch ich war zunächst vom Bijelo-Dugme-Fieber infiziert. Doch schon kurze Zeit später fing ich an, selbst Musik zu machen, und entdeckte die wahren Helden meiner Jugend.

Anfang der 1980er-Jahre passierte viel in der europäischen Musikszene: In Deutschland schwammen die Interpreten der Neuen Deutschen Welle an die Spitze der Charts, in Großbritannien dominierten Punk-Bands wie The Clash und Sex Pistols und New Waver wie Depeche Mode und The Cure die Szene. Und plötzlich konnten auch wir Jugos einen originellen Sound vorweisen, keinen Westverschnitt: die Jugoslawische Neue Welle, auch YU-New-Wave genannt. Aus den Garagen und Übungskellern von Ljubljana, Belgrad und Zagreb spülte sie Bands ins Rampenlicht, die auf bis dahin nicht gekannte Art und Weise mit Off-Beat-Rhythmen, witzigen und subversiven Texten, coolem Outfit und nicht zu bremsender

Energie an den Start gingen: Šarlo Akrobata, Pankrti, Idoli, Haustor, Azra und noch viele andere. Rückblickend war diese Ära wahrscheinlich die einzige in der Pop-Geschichte Jugoslawiens, in der das Land Musik auf gleicher Augenhöhe mit dem Westen produzierte.

In diesen Jahren, von 1980 bis 1984, lebte ich mit meinen Eltern in China. Jeden Sommer schleppte ich ein Dutzend Platten aus Jugoslawien nach Peking und tauschte sie dort mit anderen Teenagern der jugoslawischen Kolonie aus. Mitte der 80er, als ich wieder in Belgrad lebte, wurde aus der Jugoslawischen Neuen Welle eine große und bunte Pop-Rock-Szene. Für mich und meine Freunde war der 25. Mai immer der absolute Höhepunkt des Jahres. Nicht weil er als Titos Geburtstag und Tag der Jugend gefeiert wurde, sondern weil uns an diesem Tag ein großes Open-Air-Festival im Zentrum der Stadt magisch anzog. Jede Band spielte eine halbe Stunde, und ich war bei dem Spektakel als einer von bis zu 150 000 Zuschauern ganz vorne dabei. Die Stars der Szene gingen auf 40-Städte-Tourneen durchs ganze Land und verkauften bis zu 200 000 Exemplare eines Albums. Das war deutlich weniger als die eine Million, die Bijelo Dugme pro LP absetzte, für ein 22-Millionen-Einwohner-Land aber verdammt viel. Unsere Idole waren – wenn auch abseits vom Massengeschmack – präsent und unüberhörbar.

Nach der YU-New-Wave-Ära eroberten Kommerzproduktionen den Markt und drängten die urbane Rockszene wieder in die Nischen der kleinen Clubs. Mich und meine pubertierende Clique kotzte das an, umso mehr versuchten wir, uns abzugrenzen. Die schlagermäßig aufgepeppte »neukomponierte Folklore« von Stars wie Lepa Brena (»Die schöne Brena«) fanden wir schrecklich kitschig und uncool. Hörten die Eltern eines Kumpels solche Musik, musste er sich einen Haufen blöder Sprüche anhören. Für uns – wie für viele unserer Generation – war es eine Schande, solche Musik zu hören. Auch der stadiontaugliche Folk-Rock von Bijelo-Dugme-Kopien wie Plavi Orkestar, Merlin und Hari Mata Hari kam uns allzu banal daher. Noch ahnten wir ja nicht, dass dieser Sound geradezu künstlerisch wertvoll war im Vergleich zu der Musik, die uns im nächsten Jahrzehnt überrollen sollte: Turbofolk. Der Soundtrack des Krieges.

Turbofolk-Volk

»Hast du Lust auf ein bisschen Musikrecherche, Danko?«

Mein Kollege, ein Funkhaus-Europa-Musikredakteur, drückte mir ein paar Balkanmusik-CDs in die Hand. Ich sollte pro Album ein bis zwei radiotaugliche Songs aussuchen sowie einige Zeilen zu den Künstlern und zur richtigen Aussprache der Songtitel aufschreiben. So konnten die Moderatoren diese Auswahl dann getreu der Senderphilosophie »World Wide Music« spielen und etwas dazu erzählen.

»Klar«, sagte ich, »mache ich gerne.« Doch dann fielen mir fast die CDs aus der Hand. Von den Covern lächelten mir die puppenhaften und stark geschminkten Gesichter Cecas und Jelena Karleušas entgegen – zwei führende Stars der serbischen Turbofolk-Szene. In meinen Kopf ging sofort eine Schranke runter.

»Solche Musik ist eine Beleidigung der Intelligenz, die können wir auf keinen Fall spielen, das gehört in die Mülltonne, aber nicht ins Radio – und schon gar nicht ins öffentlich-rechtliche.«

Mein Kollege guckte mich erstaunt an. Ihm konnte man natürlich nichts vorwerfen. Denn da Funkhaus Europa auch

Hits aus Südosteuropa spielt, braucht die Musikredaktion regelmäßig Nachschub. Also hatte mein Kollege einen Jugo-Freund nach den aktuellen Megasellern in Serbien gefragt. Und diese Alben hielt ich jetzt in der Hand. Wahrscheinlich dachte der Musikredakteur nun, ich sei ein Geschmacksfaschist, der nur einen ganz bestimmten Sound mag und alles andere ablehnt. Ich klärte ihn auf: Turbofolk – eine Mischung aus Schlager, Balkan-Volksmusik und Techno – ist nicht nur schlecht produzierte Musik mit kitschigen Texten. Das neue Genre hat auch einen politischen Beigeschmack! Denn populär geworden war die leicht orientalisch angehauchte Hochgeschwindigkeitsfolklore im Serbien der frühen 1990er-Jahre, als verlängerter Arm des Diktators Slobodan Milošević. Den Menschen in Serbien wurde damals eine rosarote Welt vorgegaukelt – mit dem Fernsehsender Pink TV als Flaggschiff. Statt Kriegsberichterstattung aus Kroatien oder Bosnien zeigte Pink TV bevorzugt halbnackte Turbofolk-Sängerinnen, die aussahen wie Pornostars. Turbofolk passte sehr gut zu Miloševićs Strategie, das Volk abzulenken. Es war sozusagen die Begleitmusik des Krieges. Und nun lag im öffentlich-rechtlichen Sender Funkhaus-Europa neben einigen Best-of-Turbofolk-Compilations eine CD der serbischen Sängerin Ceca auf dem Tisch, die mit dem als Kriegsverbrecher angeklagten Mafioso Željko Ražnatović, bekannt als »Arkan«, verheiratet gewesen war. Der Musikredakteur reagierte geschockt.

»Du hast nach den aktuellen Chartstürmern in Serbien gefragt«, sagte ich, »und das sind sie.«

Die CDs wurden nie gespielt...

Trotzdem hat sich das Turbofolk-Virus seitdem noch weiter ausgebreitet – und zwar balkanweit. Serbische Sängerinnen, die oft Silikonbrüste und Halbwelt-Freunde haben, aber selten Familiennamen, füllen auch in Kroatien mühelos große

Hallen. Die junge Balkangeneration in Serbien, Kroatien und Bosnien findet Turbofolk einfach gut zum Abfeiern. Offenbar ist ein großer Teil meines Volkes entweder ungebildet oder vollkommen anspruchslos. So hat sich die breite Masse in den Nachfolgestaaten Ex-Jugoslawiens zumindest unter dem Dach des schlechten Geschmacks längst wiedervereinigt. Gemeinsam den gleichen kommerziellen Schrott zu hören ist aber immer noch besser, als sich gegenseitig umzubringen. »Ceca hat lange Beine und einen tollen Busen, und zu ihrer Musik kann man gut Party machen. Da ist es mir doch egal, dass sie Serbin ist und mit wem sie verheiratet war.« Auch auf deutschen Jugo-Partys tanzen Serben, Bosnier und Kroaten oft gemeinsam zu Turbofolk-Musik und kommen sich dabei vielleicht wieder ein Stück näher.

Turbofolk, eine Art Balkanfolklore des 21. Jahrhunderts? Nein! Mit der authentischen und vielfältigen Folklore aus meiner Heimat hat Turbofolk absolut nichts zu tun. Wunderschöne Liebeslieder aus Mazedonien, melancholische Sevdah-Songs aus Bosnien, altstädtische Lieder aus Serbien, dalmatinische Gesänge. Meist sehr poetisch und schön. In Turbofolk-Songs hingegen findet sich nicht eine Spur von Poesie. »Du bist meine Coca Cola, du verrückter Männerkopf, wenn ich dich küsse, sagst du ›you can't beat the feeling‹.« Und dabei harmoniert das Prototyp-Glitzeroutfit der weiblichen Turbofolk-Stars perfekt mit der Musik. Aufgepumpte Brüste, aufgeblasene Lippen, glitzerndes Oberteil, hohe Absätze, ultrakurzer Rock, protziger Schmuck. Die männlichen Turbofolk-Stars stehen den »Damen« in nichts nach und beeindrucken im konsequent umgesetzten Provinzzuhälter-Look: Goldkettchen, aus dem Hemd quellendes Brusthaar, mit funkelnden Steinchen verziertes Sakko, teure Uhr am Handgelenk, Tattoo am Arm, Ring im Ohr, getönte Sonnenbrille (auch nachts!). Und das

Erstaunlichste: Die Fans finden das überhaupt nicht merkwürdig. Will man traditionelle Folklore und Turbofolk anhand der jeweils bevorzugten Drogen unterscheiden, so gehören zur Folklore Alkohol und Zigaretten, zum Turbofolk Ecstasy und Kokain.

Mit oder ohne Drogen – ich könnte Turbofolk nicht länger als eine Viertelstunde ertragen.

Allein unter Jugos

Ende 1999. Eine Halle in einem Düsseldorfer Industriegebiet. 23:55 Uhr. Mein Bruder Boris und ich passierten den Türsteher eines Jugo-Clubs. Ich hatte mich mit einer balkanesischen Studienkollegin verabredet, die hier regelmäßig feierte – und war skeptisch. Nicht umsonst hatte es acht Jahre gedauert, bis ich mich zum ersten Mal seit meiner Flucht nach Deutschland in solch einen Laden traute. Natürlich hatte ich von den Partys der hier geborenen und aufgewachsenen Jugos der zweiten Generation gehört – aber ich wusste auch, welche Interpreten dort regelmäßig auftraten: Entweder seichte Folkpop-Stars oder, noch schlimmer, die Turbofolk-Fraktion. »Meine« Musik – Ska, Rock, Punk oder Funk – würde hier also sicher nicht gespielt. Aber eigentlich waren wir ja auch nur hier, um ein paar Mädels zu treffen. Boris durchlebte damals eine Heimwehphase und fragte sich ständig, ob er in Düsseldorf bleiben oder nach Belgrad zurückkehren sollte. Und ich dachte, es könnte ihm gut tun, ein bisschen Balkanflair zu tanken. Eine Art Selbstversuch für Boris sozusagen.

Wir bestellten etwas zu trinken. Der DJ legte gerade einen Balkan-Schlager auf. Fragend schaute ich Boris an, er nickte. Uns war klar, dass wir hier nicht alt werden würden. Ein paar

Minuten später wurde es noch schlimmer. Der DJ ging zu Turbofolk über, und das wie in einem Pink-TV-Videoclip gestylte Publikum grölte mit und strömte zur Tanzfläche – die meisten Frauen mit so wenig Klamotten wie nötig und so viel Schminke wie möglich, die Männer bevorzugt in Muskelshirts und mit viel Gel in den Haaren. Meine Landsleute – ein Trauerspiel. Ich spürte ein nervöses Kribbeln. Wir mussten hier raus, und zwar möglichst schnell. Endlich entdeckte ich meine Studienkollegin im Getümmel. Ich stellte ihr Boris vor, sie stellte uns ihre Freundinnen vor, wir unterhielten uns kurz, luden sie auf ein Getränk ein. Dann täuschten wir eine Verabredung in einem anderen Club vor und machten uns vom Turbofolk-Acker. Die fünfzehn Minuten in diesem Jugo-Club reichten meinem Bruder, um den schlechten Teil seiner Belgrad-Erinnerungen wieder aufzufrischen und seine Rückkehrgedanken erst mal zu begraben. Der Selbstversuch war also erfolgreich verlaufen.

Die flache Balkanbeats-Welle

Irgendwann fand ich mich damit ab, dass ich »meine« Jugo-Musik weder in den turbofolkverseuchten Jugo-Clubs der Gastarbeiterkinder noch auf den von Roma-Blasmusik dominierten Balkanbeat-Partys zu hören bekommen würde. Oder doch? Fast genau zehn Jahre nach meiner ersten und letzten »Jugo-Party« war ich beruflich in Berlin unterwegs und besuchte abends die älteste und größte Balkanbeat-Party der Hauptstadt. Als Liveact stand die serbische Fusion-Combo Vrelo auf dem Programm. Sechs Frauen und zwei Männer, die mehrstimmigen traditionellen Gesang mit Schlagzeug, Bass und elektronischen Elementen kombinieren. Ich kannte sie bereits aus Dortmund, wo sie zwei Jahre zuvor auf dem Funkhaus-Europa-Festival »Mi Plešemo« ihr Auslands-Debüt gefeiert hatten. Damals hatte ich Vrelo als Bühnenmoderator vorgestellt, und nun wiederholte ich das auf Wunsch der Band auch in Berlin. Der Club Lido war voll, und ich fand Vrelo vom ersten Song an großartig. Doch offenbar gehörte ich zu einer Minderheit. Die meisten der 600 Gäste wirkten gelangweilt bis irritiert. Der Funke sprang nicht über. Erst als der Balkan-DJ die üblichen Roma-Blaskapellen auflegte, kam Bewegung in die Menge. Vrelo waren offenbar nur die Vorgruppe für den DJ gewesen. Die Leute wollten sich einfach die Kante geben und zu Roma-Blasmusik ohnmächtig werden.

Partys wie diese gibt es mittlerweile in allen deutschen Großstädten. Neben dem Berliner DJ Robert Šoko ist vor allem der Frankfurter Stefan Hantel alias Shantel auf den von Emir Kusturica und Goran Bregović ins Rollen gebrachten Zug aufgesprungen und mit seinem Bucovina-Club durch die Republik getourt. Auch die Presse entdeckte das Thema auf der ewigen Suche nach dem nächsten großen Ding. Und spätestens gegen Mitte der Nullerjahre war sie da: die Balkanbeats-Welle. Gerne wurde dieser Sound jetzt auch »Gypsy« genannt, weil das auf einem Partyflyer besser klingt als »Roma-Blasmusik«. Nur wenige der Balkanbeats-DJs haben je auf dem Balkan gelebt. Und von der urbanen New-Wave- und Rock-'n'-Roll-Szene Ex-Jugoslawiens haben die meisten noch nie etwas gehört. Dazu passt, dass die meisten Leute, die auf diesen Partys aufkreuzen und bis zum Umfallen feiern wollen, keine Jugos sind. Es genügte, einmal irgendwo auf dem Balkan Urlaub zu machen und von dort ein paar Blechbläser-CDs mitzubringen, um eine eigene Balkan-Partyreihe zu veranstalten. Damit war man nicht nur »in«, sondern konnte auch etwas Geld verdienen.

In der Balkanmusik-Szene gilt wie überall die Devise: Wenn du die breite Masse erreichen willst, darf dein Produkt nicht zu intellektuell und hochwertig sein. Um die lebendige Balkanmusik salonfähig zu machen, muss man sie schon totproduzieren. Modern Talking auf balkanesisch – das ist das Erfolgsrezept.

Natürlich ist nicht alles schlecht am Balkanmusik-Hype: Sounddesigner wie Goran Bregović und später auch Shantel, die schon früh das kommerzielle Potenzial der Roma-Blechbläser erkannten, haben in Deutschland Türen für anspruchsvollere Künstler geöffnet. Diese haben aus den folkloristischen Ursprüngen etwas wirklich Neues erschaffen – und nehmen sich dabei selbst nicht zu ernst. Magnifico aus Ljubljana, Kultur Shock aus Seattle oder Miss Platnum aus Berlin reproduzieren nicht einfach die bekannten Klischees, sondern reflektieren, karikieren und kommentieren sie.

4

Fünfzig Quadratmeter Jugoslawien

Im deutschen Exil vermisste ich nicht nur Belgrad, ich vermisste auch Burek, diesen fettigen, meist mit Fleisch oder Käse gefüllten Blätterteig. Meine Lieblingssorte ist allerdings der »leere« Burek. So oder so, Burek muss man unbedingt warm und mit Joghurt essen. An Rhein und Ruhr bieten die vielen türkischen Imbisse zwar etwas Ähnliches an, aber das schmeckt ganz anders als in Belgrad. Ich hatte mich schon mit einem burekfreien Leben abgefunden, als ich in Düsseldorf eines Tages ein Balkan-Feinkostgeschäft entdeckte. Im vorderen Bereich standen alle möglichen Lebensmittel und Getränke in den Regalen: Süßigkeiten, eingelegte Paprika, Šljivovica, mazedonischer Wein und sogar importiertes Mineralwasser. Doch hinter dem eigentlichen Laden ging es in ein verqualmtes, nur notdürftig abgetrenntes Zimmer. Dort gab es eine Theke mit frisch gekochter Bohnensuppe und – endlich! – Burek... Da alleine Burek zu essen keinen Spaß macht, rief ich meinen Freund Siniša an – einen in der Schweiz aufgewachsen Jugo, der nun in Düsseldorf Kunst studierte und genauso scharf auf Burek war wie ich. Nur zehn Minuten später saß Siniša neben mir am letzten freien Tisch, und wir schauten uns in dem skurrilen Laden um. Die Bedienungen erinnerten ein bisschen an die Belgrader Schulputzfrauen (von uns damals »tetkice«/»Tantchen« genannt), die für die Lehrer Kaffee gekocht hatten. Ältere Männer an den Tischen vor der Theke diskutierten lautstark oder spielten Schach, auf einem riesigen Fernsehschirm ließen ununterbrochen irgendwelche Tussis die Hüften kreisen, an den Wänden kündigten diverse Plakate Konzerte von Turbofolk-Interpreten in Jugo-Clubs an, und auf einem Verkaufsständer wurden Volksmusik-Kassetten und Videos angeboten.

Alles, was in Jugoslawien schlechten Geschmack ausmachte, fand sich hier auf fünfzig Quadratmetern! Ich rümpfte die Nase. »Was ist das für ein penetranter Geruch?«

Siniša zeigte auf eine Ecke. »Das wird es sein.«

In der Ecke standen riesige Plastikeimer mit Sauerkraut. Auch in Belgrad wurde viel Sauerkraut gegessen; schließlich ist Sauerkraut lecker, gesund und gehört zur Folklore. Aber erstens wurde es normalerweise in Garagen oder Kellern gelagert, und zweitens war es ein Novum für uns, eine solche Sauerkrautmenge mitten in Düsseldorf zu entdecken.

Wir bestellten zwei Portionen Burek.

Aber der entsprach leider kaum dem Original.

»Was für ein Jugoslawien-Bild bekommt meine Französin Caroline, wenn ich sie in diesen Laden ausführe?«, fragte ich Siniša.

»Das richtige!«, antwortete er und trank seinen Joghurt zu Ende.

Ich wehrte mich gegen den Gedanken, dieser Laden könne tatsächlich das wahre Jugoslawien repräsentieren. Aber Siniša hatte recht. Denn mein Umfeld in Belgrad war sicher kein Spiegelbild Jugoslawiens gewesen: Meine Eltern hatten mit Leuten verkehrt, die in Wohnungen mit Privatbibliothek lebten und regelmäßig in die Oper, ins Theater oder zu Jazzkonzerten gingen. Die Menschen hier in der Düsseldorfer Gastarbeiter-Oase hörten gerne Volksmusik, lasen serbische und kroatische Boulevardzeitungen und ließen sich mit einem Zahnstocher im Mund von Pink TV berieseln. Sie stammten ebenfalls aus dem ehemaligen Jugoslawien und gehörten doch zu einer anderen Welt. Natürlich hatte ich beim Militärdienst Jungs mit diesen Vorlieben kennengelernt, aber mir war damals überhaupt nicht klar gewesen, dass sie zur Mehrheit der Bevölkerung gehörten. Erst meine Leidenschaft für Burek im Exil führte dazu, dass ich das »wahre Jugoslawien« kennenlernte...

Einige Monate später entdeckte ich ein Restaurant, in dem ich mit Caroline ohne Turbofolk-Beschallung und Sauerkrautgeruch Jugo-Spezialitäten essen konnte. Die fünfzig Quadratmeter Jugoslawien in der Düsseldorfer Innenstadt habe ich ihr nie gezeigt.

Bürger des Universums

Als 1991 der Krieg auf dem Balkan ausbrach, waren viele Jugos gezwungen, sich neu zu definieren – egal ob sie im Ausland lebten oder auf dem Balkan. Nach fünfzig Jahren eines weitgehend friedlichen Zusammenlebens existierte der multinationale Staat Jugoslawien plötzlich nicht mehr. Nun galt es, Farbe zu bekennen: Was bin ich? Bin ich Serbe, Kroate, Bosnier, Mazedonier oder Slowene? Wie stehe ich zu dem Krieg? Wie wichtig ist mir meine Religion? Besonders jene, die als atheistische Jugoslawen erzogen worden waren, fühlten sich angesichts dieser Fragen restlos überfordert.

Gleichzeitig schlug die Stunde der Nationalisten. Es ist schon paradox, wie viele meiner Landsleute von einem Tag auf den anderen den stolzen Serben oder den stolzen Kroaten raushängen ließen.

Doch zum Glück trifft man bei den Ex-Jugos auch oft genug auf völliges Desinteresse an nationalen Kategorien. Ich habe sogar mal einen in Berlin geborenen Jugo kennengelernt, der erst zu Kriegsbeginn erfahren hat, dass er Serbe ist. Mit zwanzig Jahren! Die Nationalität hatte in seiner Familie nie eine Rolle gespielt.

Der Balkankrieg bedeutete für viele Menschen in und aus Ex-Jugoslawien eine Identitätskrise, die jeder auf seine Weise bewältigen musste. Manche definierten ihre Identität eher aus pragmatischen Gründen neu: Jugoslawien gibt's nicht mehr, dann bin ich jetzt eben Serbe oder Kroate – was dann aber nicht automatisch bedeutete, dass die anderen Balkanesen plötzlich Feinde waren. Andere hatten sich immer schon als Serben, Kroaten oder Bosniaken gefühlt und kamen mit der neuen Situation besser klar. Und dann waren da noch die Ex-Jugoslawen, die sich der neuen Realität komplett verweigerten und zu Jugo-Nostalgikern wurden. Neulich habe ein besonders ausgeprägtes Nostalgieexemplar getroffen: Als sein jugoslawischer Pass ungültig wurde, brachte er es nicht übers Herz, den Pass von einem der Nachfolgestaaten anzunehmen. Stattdessen lebt er nun seit fast zwanzig Jahren illegal und ohne Papiere in Deutschland. Diese Einstellung ist sicher weltfremd und nicht zu empfehlen – aber irgendwie kann ich sie nachvollziehen... Gerade für Mischehen-Jugos wie mich war die Identitätsfrage kompliziert. Manche Kinder aus serbisch-kroatischen Ehen entschieden sich für eine der beiden Seiten und betonten »Ich bin Kroate« oder »Ich bin Serbin«. Ich aber konnte und wollte mich nicht für meine kroatische oder meine serbische Familie entscheiden. Schließlich liebte ich beide. Deshalb antwortete ich auf die »Was bist du?«-Frage gerne: »Ich bin Serbo-Kroate.« Das kam bei vielen Kroaten und Serben natürlich als Provokation an – und war auch so gemeint. Doch für mich war es die einzig richtige Antwort: Ich hatte zwei Pässe, zwei Staatsangehörigkeiten, serbische wie kroatische Züge und fühlte mich sowohl in Serbien als auch in Kroatien zu Hause. Aber gegen Ende des Krieges hatte ich die ständigen Nachfragen bis oben hin satt. Die Nationalisten unter den Balkanesen wollten wissen, ob ich einer von ihnen sei oder zur anderen Seite gehöre. Einige Deutsche hakten gleich einen ganzen Fragenkatalog ab, um herauszufinden, ob ich einer von den »bösen« Serben oder einer von den »nicht ganz so bösen« Kroaten war:

»Wo kommst du eigentlich her?«
»Aus dem ehemaligen Jugoslawien.«
»Ja, aber woher genau?«
»Aus Belgrad.«
»Du bist also Serbe?«
»Nein, bin ich nicht.«
»Und was bist du dann?«

Und so weiter... Ich wollte von alldem nichts mehr hören. Ich war weder Serbe noch Kroate, ich war Danko Rabrenović, Bürger des Universums. Punkt.

Wem gehören die Weinblätter?

Die Jugos und ihre Nationalgerichte, das war schon immer ein Thema für sich, aber so richtig kompliziert wurde es, als Jugoslawien zerfiel. Was sollte nun aus unserem kulinarischen Erbe werden? Zumindest bei einem Gericht war die Sache schon immer klar gewesen: Die Kroaten hatten überhaupt keinen Bock auf die serbische Bohnensuppe *Pasulj*. Sie löffelten lieber die kroatische Bohnensuppe *Grah* – gefurzt haben sie jedoch alle gleich laut und oft. Der Rest war problematischer. Mein

Vater hatte schon immer behauptet, wir Jugos besäßen eigentlich gar keine echten Nationalgerichte. Vielmehr seien viele »unserer« Spezialitäten, wie bei den Griechen und Bulgaren, über die Osmanen auf den Balkan gelangt. Und die Osmanen wiederum hätten sich stark von der arabischen Küche inspirieren lassen. Außerdem gebe es in einigen Teilen des Landes starke kulinarische Einflüsse aus Österreich-Ungarn. Und nicht zu vergessen die mediterrane Küche an der Adriaküste. Da die meisten Jugos nicht nur sich selbst, sondern auch ihre Küche für unwiderstehlich halten, eckte mein Vater mit dieser Meinung oft an. Zum »Beweis« erzählte er dann immer eine Anekdote aus unserer Pekingzeit. Damals wurden meine Eltern häufig von Diplomaten oder anderen Journalisten eingeladen. Einmal empfing sie der kuwaitische Botschafter in seiner Residenz zum Brunch. Man saß im Garten, und mein Vater entdeckte dort eine Reihe von Weinreben. »Hmm«, machte er, »wir haben in Jugoslawien ein sehr leckeres Nationalgericht: gefüllte Weinblätter, sarmice u vinovom lišću – mein Lieblingsessen.«

Der kuwaitische Botschafter nickte nur und lächelte. Am nächsten Abend klingelte es bei uns an der Tür. Meine Mutter öffnete, vor ihr stand der weiß gekleidete Koch der kuwaitischen Botschaft und präsentierte ein Blech mit gefüllten Weinblättern.

»Der Botschafter lässt Sie herzlich grüßen und schickt Ihnen unser Nationalgericht.«

Mein Vater probierte sofort und war begeistert. Er sagte, er habe noch nie so gute sarmice u vinovom lišću gegessen. Und weil das kuwaitische Nationalgericht dem jugoslawischen täuschend ähnlich war, sah er seine These bestätigt: Viele unserer Balkan-Nationalgerichte haben osmanische und arabische Vorfahren. Wir haben sie lediglich ein bisschen modifiziert und ihnen durch andere Gewürze eine eigene Note verliehen.

Wenn der Krieg im Kochtopf landet

Die Lust an spielerischen Provokationen habe ich wohl von meinem Vater geerbt: Fast dreißig Jahre nach seinem kuwaitischen Weinblatt-Erlebnis nahm ich das Thema »Balkanküche« wieder auf. In einer Call-in-Sendung auf Funkhaus Europa (»Balkanizer Extrascharf«) forderte ich die Hörer auf, mir von ihren Lieblingsgerichten aus Mutters Küche zu erzählen. Ich wollte ein bisschen mit Stereotypen spielen: Werden alle Balkanesen automatisch als Fleischfresser geboren? Oder haben auf dem Balkan auch Vegetarier eine Überlebenschance? Ist das wirklich allein »unser« Essen? Außerdem sollte sich zwischendurch eine Reporterin aus einem Balkanrestaurant melden und mit dem Wirt oder der Wirtin über das sprechen, was in den Pfannen brutzelte. Wir suchten nach einem geeigneten Lokal in der Nähe des WDR-Studios. Gar nicht so einfach, denn während in den 1970er- und 1980er-Jahren in deutschen Großstädten noch an fast jeder Ecke ein Jugo-Restaurant namens »Dubrovnik«, »Split« oder »Slavia« zu finden war, hat ihre Zahl mit dem Zerfall des Landes rapide abgenommen. Heute servieren die Jugo-Gastronomen ihre Balkan-Spezialitäten auch in Lokalen namens »Bauernschänke« oder »Zur Linde« – und sind daher nicht mehr so leicht zu finden wie früher.

Schließlich entschieden wir uns, einem Balkanrestaurant in der Kölner Innenstadt einen Vorbesuch abzustatten. Der Wirt, ein junger Kroate, hatte zwar Lust mitzumachen, aber leider stand zum Sendetermin die Renovierung seines Restaurants an. Doch wie es der Zufall wollte, aß dort gerade ein anderer kroatischer Gastronom zu Mittag. Der Wirt stellte uns vor. Ich erzählte von der geplanten Balkanküche-Sendung und fragte, ob er mitmachen würde oder uns ein anderes Lokal empfehlen könne. Er hielt mir und meiner Reporterkollegin aber erst einmal eine Vorlesung: Balkanküche? So etwas gebe es nicht! Das, was in diesem Restaurant angeboten werde, sei kroatische Küche. Es sei ein Mythos, die kroatische Küche in Verbindung mit Jugoslawien zu bringen. Wie überhaupt Jugoslawien an sich ein Mythos sei. Und das, was wir in dieser Sendung vorhätten, sei nichts anderes, als das alte Jugoslawien wieder auferstehen zu lassen. Offensichtlich waren wir an einen kroatischen Nationalisten geraten, der gerade eine – »ethnisch saubere« – *Pljeskavica* mit Pommes verspeiste. Ebenso gut könnte ein Kölner behaupten, schwäbische Maultaschen seien eine rheinische Spezialität. Allgemein gilt zwar die serbische Stadt Leskovac als Pljeskavica-Hochburg, aber so genau lässt sich die Herkunft dieser flachen Hacksteaks nicht zuordnen. Ganz sicher sind sie keine gebürtigen Kroaten, auch wenn sie dort, wie auf dem gesamten Balkan, überall angeboten werden. Abgesehen davon haben die Griechen ein ähnliches Gericht: *Bifteki*.

Da ich keine Lust hatte, mir weiterhin den Balkanküche-Vortrag anzuhören, stand ich auf und verabschiedete mich:

»Na dann, weiterhin guten Appetit mit Ihrer kroatischen Pljeskavica!«

Schließlich kam die Schalte in die Sendung aus der Küche des »Maria«, meinem Lieblingslokal für Balkanspezialitäten. Das ist zwar in Düsseldorf und somit nicht gerade um die Ecke vom Kölner Studio, dafür aber garantiert nationalistenfrei.

Wenn sich »unsere Leute« in »unserer Sprache« unterhalten

»Serbokroatisch ist eine Sprache, die Serben immer Serbisch und Kroaten immer Kroatisch genannt haben.« Damit kommt der kroatische Schriftsteller Miroslav Krleža der Realität sehr nahe. »Welche Note hast du in Serbisch?« – so wurde ich schon in den 1970ern von meinen Belgrader Schulkumpels gefragt. Fuhr ich dann meine Großeltern in Zagreb besuchen, schaltete ich automatisch um, denn dort lernten die Kinder Kroatisch in der Schule. Ich verstand natürlich trotzdem alles, denn die Grammatik ist fast identisch*. Nur bei Aussprache und Wortwahl sollte man aufpassen. Ich wusste aber, dass für bestimmte Dinge andere Wörter benutzt werden. Zum Beispiel bezeichnet man eine Hose in Belgrad als »pantalone«, in Zagreb als »hlače«. Eigentlich nicht anders als im deutschen Sprachraum: Bayern und Österreicher kaufen beim Bäcker Semmeln, Berliner ihre Schrippen und Rheinländer Brötchen. Gemeint ist das Gleiche. In Deutschland käme allerdings niemand auf die Idee, Bayerisch, Sächsisch und Schwäbisch als jeweils eigene Sprachen zu bezeichnen.

Seit dem Krieg wird die ehemalige jugoslawische Amtssprache Serbokroatisch je nach Region auch offiziell Serbisch, Kroatisch oder Bosnisch genannt. Besonders die Kroaten haben sich darum bemüht, ihre Sprache von dem Erbe Jugoslawiens zu »reinigen« und auch sprachlich eigene Wege zu gehen. Wörter, die typischerweise ein Serbe sagen würde oder einen kommunistischen »Beiklang« hatten, wurden getilgt. Dafür hat man altkroatische Wörter ausgegraben, die

---

* In Serbien benutzt man hauptsächlich kyrillische, in Kroatien und Bosnien lateinische Schrift.

teilweise recht merkwürdig klingen und sich im Alltag auch nicht immer durchsetzen konnten, zum Beispiel »krugoval« als Ersatz für »radio« (auf gut Deutsch »Hörfunk« bzw. »Hörfunksender«) oder »zrakomlat« als Ersatz für »helikopter« (auf gut Deutsch »Hubschrauber«). In Mazedonien und Slowenien ist die Situation anders. Dort wird Mazedonisch bzw. Slowenisch gesprochen, und das sind tatsächlich eigene slawische Sprachen, die sich von Serbisch, Kroatisch und Bosnisch etwa so unterscheiden wie Deutsch von Niederländisch. Bis zum Zerfall Jugoslawiens hatte man in beiden Teilrepubliken zusätzlich Serbokroatisch als Pflichtfach in der Schule. Auch Kosovo-Albaner, deren Muttersprache Albanisch ist, und Roma, die sich bevorzugt auf Romanes verständigen, beherrschen »unsere Sprache«.

»Unsere Sprache« – dieser Begriff wird häufig benutzt, wenn Ex-Jugo auf Ex-Jugo trifft. Beispiel:

»Spricht deine Freundin unsere Sprache?« (»Jel ti cura govori naš jezik?«). Oder: »Ist sie eine von unseren Leuten?« (»Jel ona naša?«)

Damit lässt sich wunderbar ausdrücken, dass es einem egal ist, aus welchem Teil Ex-Jugoslawiens der andere kommt. Andererseits ist jemand, der sagt »Ich bin Serbe« oder »Ich bin Kroate« nicht automatisch ein Nationalist. Für Außenstehende ist es nicht leicht, den Durchblick im exjugoslawischen Sprach- und Herkunftswirrwarr zu behalten. Kein Wunder also, dass die meisten Deutschen lieber den Sammelbegriff »Jugos« verwenden.

Gastarbeiter-Spagat

Als ich »neu« in Deutschland war, klammerte ich mich an meine Muttersprache wie an einen rettenden Strohhalm. Immer, wenn ich sie auf der Straße oder in der Straßenbahn hörte, war das ein sehr emotionaler Moment. Super, dachte ich, das sind »meine« Leute. Am liebsten wäre ich jedem Einzelnen sofort um den Hals gefallen. Nach einer Weile begriff ich, dass auch in Deutschland verdammt viele Leute »unsere Sprache« sprachen, die sonst rein gar nichts mit mir gemeinsam hatten.

Am wohlsten fühlte ich mich in meiner Flüchtlings-Jugo-Clique. Das waren junge Leute aus allen Ex-Jugo-Republiken, die ihre Heimatstädte verlassen hatten, weil sie wie ich nicht an diesem bescheuerten Krieg teilnehmen wollten oder einfach Angst hatten. Wir waren mehrheitlich in Jugoslawien geboren und aufgewachsen. Dann kamen wir nach Deutschland, wo uns ein Onkel, eine Tante oder ein Studienplatz erwartete. Viele kamen auch ganz ohne Anlaufstelle. Aber alle mussten neu anfangen, eine neue Sprache lernen ... während die kulturelle Identität weiterhin das Land lieferte, das durch den Krieg auseinandergebrochen war. Nur hin und wieder gab es Kontakt zwischen uns Flüchtlings-Jugos und den gleichaltrigen Jugo-Gastarbeiterkindern, denn jede Gruppe blieb lieber unter sich, hatte ihre eigenen Treffpunkte. Anfangs glaubte ich, die Gastarbeiterkinder seien mir und den anderen Flüchtlingsjugos gegenüber im Vorteil. Die waren hier geboren, sprachen perfekt Deutsch und hatten fast alle ein unbegrenztes Aufenthaltsrecht. Kein Vergleich zu uns Flüchtlingen, die zwangsweise ihre Heimat verlassen mussten. Erst als *Balkanizer* im Radio wurde mir bewusst, wie krass der Spagat gewesen sein muss, den die meisten Gastarbeiterkinder in ihrer Kindheit und Jugend hingelegt haben. Viele von ihnen haben mir von ihrem Leben und ihren Problemen erzählt. Sie gingen in eine deutsche Schule und einmal in der Woche zum muttersprachlichen Ergänzungsunterricht, sprachen im Alltag meistens Deutsch und zu Hause ihre Muttersprache. Ihre Eltern hatten wenig Zeit für sie und ihre Fragen; denn die Arbeit war hart. Im Sommer wurde das Auto (Mercedes!) mit Geschenken vollgeladen, und dann ging's für zwei bis drei Wochen zu Oma und Opa nach Jugoslawien. Dort wurden die Kinder mit leckerem Essen versorgt und von einem Fest zum nächsten geschleppt oder auf Ausflüge ans Meer und in die Berge mitgenommen. Und da sie und ihre Eltern D-Mark in der Tasche hatten, waren im Wunderland Jugoslawien jede Menge Extrawünsche möglich. Keine Frage: Der Urlaub in Jugoslawien war der Höhepunkt des Jahres. Eine herzliche, unbeschwerte Welt. Das komplette Kontrastprogramm zum deutschen Alltag. Wie hätten die Gastarbeiterkinder auch merken sollen, dass diese Sommeridylle mit der Realität in dem Land nicht viel zu tun hatte? Irgendwann verblasste die »Wir gehen bald zurück«-Vision ihrer Eltern, die Familien richteten sich langfristig in Deutschland ein. Und die Kinder gehörten weder in Deutschland noch in Jugoslawien richtig dazu...

Heute, rund fünfzehn Jahre nach Ende des Krieges, hat sich an diesen Mustern nicht viel geändert. Die meisten Gastarbeiterkinder fahren wie zu Jugoslawienzeiten ein paar Wochen im Jahr »runter« und lassen sich vom balkanesischen Sommer umarmen. Nur wenige haben begriffen, dass die Gesellschaft der Region um Jahrzehnte zurückgeworfen wurde.

Am wenigsten gelitten haben sicherlich die Kinder, deren Eltern wenig Kontakt mit Landsleuten pflegten. Sie verdanken dem Balkan zwar ihren Namen und eine zweite Sprache, aber sonst denken und leben sie weitgehend wie Deutsche – meist mit beiden Beinen fest auf dem Boden und klaren Zielen für ihr Leben. Schwerer haben es die Gastarbeiterkinder, deren Familien eng mit der jugoslawischen Community und den jugoslawischen, später serbischen, bosnischen, kroatischen etc. Treffpunkten in Deutschland verbunden waren. Manchmal kommen sie mir vor wie verlorene Seelen. Einige sprechen die Sprache ihrer Eltern mit deutschem Akzent und haben einen deutschen Pass – trotzdem haben sie besonders starke patriotische Gefühle für die Heimat der Eltern entwickelt. Realitätsflüchtlinge?

»Kosovo ist Serbien«

Ich erinnere mich gut an eine Gastarbeitertochter, die ich einmal zur Kosovokrise interviewt habe. Der Kosovo war gerade unabhängig geworden, und die Reportage sollte deutlich machen, wie junge Serben in Deutschland dazu stehen. Die junge Frau – hier geboren, aufgewachsen und zur Schule gegangen – organisierte Demonstrationen unter der Parole »Kosovo ist Serbien«. Dass ihre serbischen Eltern gar nicht aus dem Kosovo stammen, spielte keine Rolle. Voller Überzeugung betete sie den Amselfeld-Mythos herunter: Dort, wo 1389 die Schlacht gegen die Osmanen verloren wurde, sei heiliges Land und der Ursprung eines jeden Serben. Nach unserem Interview wollte die junge Aktivistin wissen, wie ich dazu stünde. Dass ich als Belgrader diese Demos total irrsinnig fand, wollte ihr nicht in den Kopf. Natürlich taten mir die Serben leid, die ihre Häuser im Kosovo verlassen mussten. Aber für mich war klar, dass sie das in erster Linie den serbischen Politikern zu verdanken hatten, die von einem Groß-Serbien träumten und die Albaner schon immer als Bürger zweiter Klasse betrachtet hatten. Solche Töne hatte meine serbische Interviewpartnerin noch nie gehört – und in ihrem Weltbild war auch kein Platz dafür. Vermutlich kompensiert sie ihr inneres Hin-und-her-gerissen-Sein, indem sie sich so extrem mit dem Land ihrer Eltern identifiziert. Kein Einzelfall, aber zum Glück auch nicht die Regel. Viele Gastarbeiterkinder haben den Identitätskonflikt für sich gelöst. Sie sehen das Leben zwischen zwei Kulturen sogar als Bereicherung und haben es in eine besondere Stärke umgewandelt. Wenn es Gastarbeiterkindern gelingt, den Spieß umzudrehen und sich die jeweils besten Teile aus dem deutsch-balkanesischen Identitätsbaukasten herauszupicken, haben sie als Über-den-Tellerrand-Schauer auch in der globalisierten Berufswelt echte Vorteile: ohne einengende »Leitkultur« und mit »zwei Identitäten«, die sich vertragen, ergänzen und vermischen.

5

Integration ohne Mutation

Alen lief mir zufällig in einer Essener Konzerthalle über den Weg. Nach rund zehn Jahren ohne Kontakt. Zum ersten Mal hatten wir uns Ende der 1980er-Jahre getroffen: in der Belgrader Musikszene. Damals hatten wir beide gerade eine Sängerkarriere gestartet. Und jetzt lebte er fast um die Ecke. Alen war aus seiner bosnischen Heimatstadt ins Ruhrgebiet geflüchtet und der Musikbranche treu geblieben. Allerdings arbeitete er mittlerweile hinter den Kulissen. Ich freute mich, ihn zu sehen, und wir unterhielten uns über die alten Zeiten und das neue Leben in Deutschland. Eine nette Begegnung. Aber Alen sprach die ganze Zeit Deutsch. Das störte mich so, dass ich ihm in meiner Muttersprache antwortete, er blieb stur bei Deutsch. Das fand ich total unnatürlich. Bei unserer letzten Begegnung hätten wir ja nicht einmal ahnen können, dass wir eines Tages in Deutschland leben würden. Der Beginn des Konzerts beendete unser bilinguales Gespräch, Alen streckte mir seine Visitenkarte entgegen: »Lass uns mal telefonieren, Danko!« Als ich seinen Namen las – statt Alen Janjić stand dort Alain Janitz –, wusste ich endgültig, dass hier etwas nicht stimmte. Hoffte er, es in Deutschland mit einem französischen Vornamen und einem auf »itz« endenden Nachnamen leichter zu haben? Auf solche Überanpassungen reagierte ich allergisch. Dabei war auch in meiner Familie mal über eine Namensänderung diskutiert worden. Treibende Kraft war meine

Mutter. Die hatte zwar mit Überanpassung nichts am Hut, im Gegenteil, sie fand es schlicht und einfach ungerecht, dass die Kinder in Ex-Jugoslawien immer automatisch den Nachnamen des Vaters erhalten. Daher hatte sie meinem Bruder Boris und mir vorgeschlagen, ihren Nachnamen »Badel« anzunehmen: »Dann tun wir etwas für die Gleichberechtigung und sorgen dafür, dass mein schöner Nachname doch noch weitergegeben wird.« Als Boris und ich in Deutschland lebten, griff sie diesen Gedanken wieder auf. Dass »Badel« neutral klingt und für Deutsche einfacher auszusprechen und zu buchstabieren ist als »Rabrenović«, empfand sie als durchaus nützlichen Nebeneffekt. Ich konnte gut verstehen, dass meiner Mutter ihr Mädchenname am Herzen lag, auch wenn mir Nachnamen und Stammbäume piepegal sind. Aber Danko Badel? Das fühlte sich komisch an. Ich hieß mein ganzes Leben Danko Rabrenović. Und meinen Namen zu ändern, nur damit ihn die Deutschen leichter über die Lippen bringen, kam schon gar nicht in Frage. Sollte ich vielleicht auch noch meinen Vornamen ändern? Womöglich in Dieter? Als Dieter Badel, »the Germanizer«, wäre ich sicher längst Bundeskanzler und machte Urlaub am Wolfgangsee statt auf dem Balkan.

Nun haben die Jugos der Kriegsflüchtlingsgeneration zwar nicht reihenweise ihre Namen eingedeutscht, das sind Ausnahmen, aber es gibt durchaus einige, die sich wie Alen Janjić alias Alain Janitz verhalten: Sie haben versucht, sich ihren slawischen Akzent abzutrainieren, und mit ihren Kindern sprechen sie nur Deutsch mit dem Ziel, so deutsch wie möglich zu werden. Manch einer sieht darin den Schlüssel zum Erfolg, andere eine Möglichkeit, mit schlimmen Erlebnissen und Verlusten während des Krieges fertig zu werden. Mir persönlich ist diese Form der Überintegration aber immer noch lieber als das andere Extrem: sich zu isolieren und in die Ghettoschmollecke zu verziehen. Jeder, der zwischen zwei – oder noch mehr – Stühlen sitzt, muss seinen eigenen Weg finden. Ich bin jedoch fest davon überzeugt, dass man sich integrieren und dennoch authentisch bleiben kann. Wenn ich mich mit den Menschen in Belgrad unterhalte, würde niemand auf die Idee kommen, dass ich schon seit zwanzig Jahren im Ausland lebe. Mein Serbisch ist nach wie vor gut. Und die Balkanesen, die in Deutschland leben, wissen schon nach drei Sätzen in unserer Sprache, dass ich ursprünglich aus Belgrad komme. Ich habe meine Muttersprache gepflegt. Aber genauso intensiv bemühe ich mich Tag für Tag, mein Deutsch zu verbessern. Das geht langsam, aber es geht! Ich kann deutsche Freunde haben und auch deutsche Sitten und Eigenschaften, die mir gefallen, übernehmen, ohne dabei meine Balkanwurzeln zu verleugnen. Wenn ich etwas Neues dazulerne, muss ich das Gewohnte ja noch lange nicht aufgeben. Wenn ich meinen Führerschein mache, muss ich doch auch nicht gleich mein Fahrrad verschrotten.

Düsseldorfer Mädel mit balkanesischen Eltern

Ich bin ein in Deutschland lebender Serbo-Kroate, meine Frau Borislava eine kroatische Bosnierin, und unsere Tochter Maja ist Deutsche. Maja ist hier geboren, hat einen deutschen Pass, balkanesisches Temperament und wird deutsch sozialisiert. Und deshalb haben wir uns entschieden, ihr zuerst unsere Muttersprache beizubringen. Nur so hat sie eine Chance, »unsere« Sprache auch als Erwachsene noch zu beherrschen. Dadurch hatte es Maja zwar anfangs im Kindergarten etwas schwerer, aber mittlerweile – mit sechs – spricht sie

Serbisch/Kroatisch und Deutsch etwa gleich gut. Früher hat Maja sehr lustige Sätze gebildet: »Der Jakob hat am Computer gečačkao.« Dann hat sie mich mit großen Augen angeguckt und sich selbst kaputtgelacht, denn sie spürte wohl, dass das kein richtiges Deutsch war und komisch klang. Aber weil sie unbedingt erzählen wollte, dass ihr Freund Jakob am Computer herumgefummelt hatte, hat sie einfach die Vergangenheitsform (»čačkao«) des passenden serbischen Verbs (»čačkati«) genommen und die deutsche Partizip-Perfekt-Silbe »ge« davorgeklebt: »gečačkao«. Für ein Kind, das zweisprachig erzogen wird, ist dieser Mischmasch normal.

Da Maja in Deutschland lebt und aufwächst, wird Deutsch irgendwann ihre erste und damit wichtigste Sprache werden. Maja wird sich eine völlig andere Identität basteln als wir, die erst als Erwachsene nach Deutschland gekommen sind. Sie wird selbst herausfinden, was gut und was schlecht, was wichtig und unwichtig für sie ist. Und auch als was sie sich fühlt. Wenn sie älter ist und sie sich dafür interessiert, werde ich ihr von meiner Kindheit in Jugoslawien erzählen und wie es zu dem grausamen Krieg kam, der mich und ihre Mutter nach Deutschland verschlagen hat. Denn das ist ja auch ein Teil ihrer Geschichte. Und sollte es sie nicht interessieren, ist das auch okay. Vielleicht wird sie irgendwann einfach sagen: »Ich bin Deutsche, und meine Eltern kommen vom Balkan.«

»In Deutschland spricht man Deutsch!«

Wenn Maja und ich Leute treffen, die Serbisch nicht verstehen, bemühen wir uns, auch miteinander Deutsch zu sprechen. Bin ich aber draußen allein mit ihr unterwegs, sprechen wir meistens Serbisch. Antwortet sie mir allerdings mal auf

Deutsch, wechsle auch ich ins Deutsche. Manchmal treffen wir jedoch auf Leute, die sich gestört fühlen, wenn jemand in der Öffentlichkeit nicht Deutsch spricht. Da war zum Beispiel diese ältere Frau, die in der Straßenbahn neben uns saß und schon eine ganze Weile zuhörte, wie ich mich mit Maja unterhielt – die meiste Zeit auf Serbisch. Dann entschloss sie sich wohl, mir eine Lektion zu erteilen: »Wir sind hier in Deutschland, hier spricht man Deutsch!«

Ich erwiderte: »Was würden Sie denn machen, wenn Sie mit Ihrer Tochter in Spanien lebten? Würden Sie dann nur Spanisch mit ihr sprechen?«

Die Frau guckte mich leicht verwirrt an und verließ die Straßenbahn an der nächsten Haltestelle ohne ein weiteres Wort.

Natürlich sollte jeder, der sich in Deutschland niederlässt, die deutsche Sprache beherrschen und auch etwas über dieses Land und seine Sitten wissen. Aber warum soll ich mich mit meiner Tochter in der Straßenbahn oder mit den Jungs meiner Band *Trovači* nicht auch auf Serbisch unterhalten? In meiner Welt ist es völlig normal, sich in zwei Sprachen zu bewegen. Schade, dass in der Welt der Straßenbahn-Frau nur für eine Sprache Platz ist. Dann muss sie wohl in Zukunft mit Ohrenstöpseln auf die Straße gehen. Selbst in der tiefsten deutschen Provinz wird sie heutzutage kaum eine von Zweitsprachen befreite Zone finden.

Verzögert angekommen

Leider hat auch ein Zwischen-den-Welten-Pendler wie ich kein Geheimrezept für die optimale Integration. Aber woran erkennt man eigentlich, ob jemand integriert ist? Ist man integriert, wenn man als Kölner über Düsseldorf lästert? Oder andersherum? Ist man integriert, wenn man gerne deutsche Gerichte wie »Currywurst-Pommes« und »Döner mit alles« isst? Oder ist man integriert, wenn man über ein Tor der deutschen Nationalmannschaft jubelt? Und ist man nicht integriert, wenn man all das nicht tut?

Ich glaube, Integration ist ein Prozess, der sich nur schwer steuern lässt. Wenn mir ein Politiker fünf Dinge aufschreibt, die aus seiner Sicht für eine gelungene Integration nötig sind, werde ich ihm womöglich nur in zwei Punkten zustimmen und fünf andere aufschreiben, die ich für wichtiger halte. Und da Integration keine Einbahnstraße ist, würden sich manche Punkte sicher auch an Deutsche richten. Klar, gute Deutschkenntnisse sind unverzichtbar, darüber sind sich alle einig, aber muss ein Migrant, Ausländer, Einwanderer, Zuwanderer (oder wie auch immer man diese Krankheit nennt) wirklich in der Lage sein, alle Bundesländer aufzuzählen? Muss er genau wissen, welche Aufgaben der deutsche Bundesrat hat? Viel entscheidender ist doch, dass er seine deutschen Nachbarn kennt und mit ihnen ab und zu etwas zusammen unternimmt. Oder dass die Kinder befreundet sind und miteinander spielen. Sprich, dass sich beide Seiten nicht voneinander abschotten. Denn was nutzen mir meine Kenntnisse in Deutsch und Landeskunde, wenn mich keiner meiner deutschen Nachbarn jemals zum Kaffee einlädt?

Noch wichtiger finde ich allerdings, dass man einen Beruf ausübt. Völlig egal, ob man eine Eisdiele, einen Gemüsehandel oder eine Werbeagentur aufmacht, ob man als Stripteasetänzer arbeitet oder Zahntechniker ist – Hauptsache, man ist über seinen Job gesellschaftlich eingebunden. Das nennt man, glaube ich, »professionelle Integration«. Wer dann noch das Gefühl hat, diesen Job gut zu machen und geschätzt zu werden, hat schon viel Integrationsweg geschafft. Ich selbst war zwar schon als Student an einer deutschen Uni ein »Teil« der deutschen Gesellschaft – aber stark eingeschränkt aufgrund meines unsicheren Aufenthaltsstatus. Richtig angekommen bin ich erst durch den Radiojob beim WDR. Endlich konnte ich mit meinen Kenntnissen und Erfahrungen etwas Sinnvolles anfangen. Damit hatte ich meinen festen Platz in der Gesellschaft gefunden. Nach zehn Jahren als Jugo in Deutschland.

Anpassungskünstler

Schlitzohrigkeit – das ist eine Art Mischung aus Charme und Dreistigkeit. Und eine Eigenschaft, die uns Jugos oft nachgesagt wird. Manchmal zu Recht, wie bei meinem montenegrinischen Freund Aco. Wenn der zu Hochform aufläuft, findet er für jedes Problem irgendeine Balkanstyle-Lösung. Einen seiner großen Auftritte hatte Aco im Düsseldorfer Ausländeramt: Weil er für eine Reise dringend sein Visum verlängern musste, ließ er sich telefonisch einen Termin geben. Dienstagvormittag, 11 Uhr. Aber leider erst Dienstag in zwei Wochen. Das war ungünstig, denn Aco wollte schon in drei Tagen fliegen und hatte bereits ein Ticket gekauft. Er ließ sich nicht aus der Ruhe bringen und kreuzte am nächsten Tag (Dienstag!) im Ausländeramt auf. Unangemeldet klopfte er an eine der Türen. Zunächst wollte die Beamtin ihn abweisen, doch Aco ließ sich nicht beirren und quatschte einfach munter drauflos. Ganz so falsch liege er ja nicht, denn er habe immerhin an einem Dienstag einen Termin, und er sei nur zwei Wochen früher gekommen, weil er in zwei Tagen verreisen müsse. Eine wichtige Familienangelegenheit, und wenn er da nicht erscheine, sei er bei seiner Familie komplett unten durch, ob sie das nicht ausnahmsweise schon vor seinem »richtigen« Termin für ihn regeln könne. Und übrigens: Wo sie denn die schöne Pflanze auf ihrem Tisch gekauft habe, seine Tante habe die gleiche, aber die würde bei weitem nicht so schön blühen wie diese hier. Mit Witz, Charme, Beharrlichkeit und ein paar lässig eingeflochtenen Komplimenten schaffte er es, die Beamtin davon zu überzeugen, dass nur sie ihn aus seiner ausweglosen Notsituation retten konnte. Doch das war Aco noch nicht genug: Da die Frau offenbar recht gut aussah, fragte er sie am Schluss, ob sie ihm nicht ihre Telefonnummer geben wolle, dann könnten sie mal zusammen einen Kaffee trinken gehen. Damit hatte er den Bogen allerdings überspannt. Die Beamtin wurde bissig und schmiss ihn raus. Aco verstand zwar nicht, wo das Problem lag, aber es war ihm auch egal, denn er hatte ja nun die notwendigen Papiere in der Tasche und sein eigentliches Ziel erreicht.

Offenbar haben viele Jugos das besondere Talent, schwierige bis ausweglose Situationen doch noch zu ihrem Vorteil zu drehen. Klar, die Jugo-Schlitzohrigkeit ist ein Klischee – ich kenne einen Haufen Landsleute, die so schlitzohrig sind wie meine Pantoffeln. Aber irgendwoher muss dieses Bild ja kommen. Vielleicht weil wir im Sozialismus gezwungen waren, ständig zu improvisieren, bürokratische Hürden zu nehmen, dabei immer nach vorne zu schauen und positiv zu denken. Jugoslawen waren die Weltmeister im »Aus Scheiße Kuchen backen«. Das sozialistische Jugoslawien – ein Land der unbegrenzten Möglichkeiten. Aber warum sollten die Möglichkeiten im kapitalistischen Westen begrenzter sein? Jugos checken meistens schnell, wie eine Gesellschaft tickt und welche Wege begehbar sind. In der Regel integrieren sie sich recht gut in ihre neue Umgebung. Sind bereits andere Jugos da, nutzen sie diese als Stütze. Aber wenn es sein muss, docken sie auch im Alleingang an die neue Gesellschaft an. Fast könnte man sagen: Jugos sind unsichtbar, denn sie tauchen nur selten als Problemgruppe auf und sehen auch nicht unbedingt »ausländisch« aus. Sollte es jedoch irgendwo zwischen Norwegen und der Schweiz noch eine Gesetzeslücke geben, werden die Jugos vor Ort wahrscheinlich die Ersten sein, die sie finden und ausnutzen. Nun mag die Schlitzohrigkeit in bescheidenem Rahmen ja ganz sympathisch und lustig sein, aber eine kleine Minderheit unter den Jugos geht da ziemlich skrupellos zur Sache: Zum Beispiel, indem illegal Sozialhilfeleistungen kassiert werden oder Krankgeschriebene ihre Eier an der Adriaküste sonnen. Obendrein halten sich diese Leute auch noch für besonders clever und beschweren sich permanent darüber, wie scheiße alles in Deutschland sei.

Meine deutsche Freiheit

Meine neue Heimatstadt Düsseldorf ist zwar keine Megametropole, aber immer noch zigmal multikultureller als Belgrad mit seinen zwei Millionen Einwohnern. Diese Vielfalt ist einer der Gründe, warum ich inzwischen viel lieber in Deutschland als in Serbien oder Kroatien lebe. Selbst kleinere deutsche Städte haben ein Multikulti-Flair. Ich war ja schon beeindruckt, als ich in Deutschland ankam und an jeder Ecke ein Lokal mit Gerichten aus anderen Ländern fand: Pizzerien, Dönerbuden, Griechen, Asiaten... Gegen Belgrad (damals: ein China-Restaurant und maximal vier Italiener) war sogar Recklinghausen ein Länderküchen-Mekka. Und das multikulinarische Angebot wird immer bunter. Das kann nur daran liegen, dass in Deutschland viele Menschen leben, die neugierig auf neue Gerichte und andere Kulturen sind.

Mein Kollege Michael, ein Tontechniker beim WDR, erzählte mir letztens, er werde mit seiner Frau vier Wochen nach Vietnam in den Urlaub fahren. Auf diese Idee käme ich nie. Was soll ich in Vietnam? Für ihn – wie für sehr viele Deutsche – ist es aber ganz normal, bis in die hintersten Winkel der Welt zu reisen, um etwas Neues zu entdecken.

Wenn ich von Jugos abfällige Pauschalurteile höre wie »Deutsche sind nicht offen« oder »Deutsche sind intolerant«, dann frage ich einfach zurück: »Warum hatten wir denn vier Jahre Krieg ›zu Hause‹? Ist das etwa ein Zeichen unserer Toleranz und Offenheit? Warum werden Roma bei uns immer noch als Bürger zweiter Klasse behandelt? Warum begeben sich Homosexuelle, die ihre Liebe in der Öffentlichkeit zeigen, selbst in Balkan-Großstädten in Lebensgefahr? Da stecken die ach so intoleranten Deutschen die Jugos aber locker in die Tasche.«

Über die bunte und offene Multikulti-Welt hinaus fühle ich mich in Deutschland frei und unabhängig. Ich kann das tun, was mir Spaß macht, ohne zu irgendeinem Clan oder zu irgendeiner Lobby zu gehören. Als freier Musiker und Journalist muss ich keine verbiegenden Kompromisse machen, um zu überleben. So etwas ist auf dem Balkan leider nicht mehr möglich. Schon im sozialistischen Jugoslawien war die Mitgliedschaft in der kommunistischen Partei hilfreich, um beruflich weiterzukommen. Doch heute ist es um einiges schlimmer: Ohne Vitamin B, ohne einer bestimmten Partei anzugehören oder Beziehungen zur Unterwelt zu haben, geht nichts mehr. Abgesehen von ein paar Ausnahmen ist es in meiner alten Heimat verdammt schwer geworden, sich selbst treu zu bleiben und trotzdem erfolgreich zu sein. Außerdem gewöhnt man sich sehr schnell an ein perfekt funktionierendes System, vor allem wenn es um banale Alltagssituationen geht: In Deutschland fährt mein Bus oder Zug meistens pünktlich ab und kommt auch meistens pünktlich an, die Heizung heizt, wenn es nötig ist, und der Müll wird regelmäßig abgeholt. Alles keine Selbstverständlichkeit auf dem Balkan.

Fünf Jugos, eine Vorliebe

Obwohl ich mit der deutschen »Vereinsmeierei« nichts anfangen kann, wäre ich einmal fast Kassenwart eines »eingetragenen Vereins« geworden. Schuld daran ist eine Leidenschaft, die ich mit meinem Freund Siniša, meinem Bruder Boris und zwei weiteren Jugo-Kumpels teile: deutsche Schweinshaxe (auch »Eisbein« genannt). Eine Zeit lang haben wir uns einmal monatlich in einer Düsseldorfer Hausbrauerei zum Schweinshaxen-Lunch getroffen. Für fünf anti-vegetarische Jugos, denen schon beim Gedanken an Fleisch das Wasser im Mund zusammenläuft, ein gefundenes Fressen. Eines Mittags schlug Siniša vor, wir müssten unsere gemeinsame Vorliebe für Schweinshaxe öffentlich und amtlich machen.

»Du willst doch nicht etwa einen Verein gründen?«, fragte ich.

Siniša grinste – und verkündete mit feierlicher Stimme: »Doch ... und einen Namen habe ich auch schon: ›Die Düsseldorfer Al-Haxa-Brigaden e. V.‹.«

Wir fielen vor Lachen fast von den Stühlen. Nach einer Viertelstunde hatten wir eine Vereinssatzung entworfen und die Rollen verteilt: Siniša als Präsident, ich als Kassenwart, die anderen als »ordentliche Mitglieder«. Da wir vorhatten, ein ziemlich elitärer Verein zu werden, sollten ausschließlich Ex-Jugoslawen, die totalen Bock auf deutsche Schweinshaxe hatten, aufgenommen werden. Allerdings erst nach einer mehrmonatigen Probezeit. Auch Jugos, die nicht in der Lage waren, innerhalb einer bestimmten Zeit eine komplette Haxe zu verspeisen, hatten keine Chance, unserem Verein beizutreten. Und in der Tat scheiterten in den nächsten Monaten drei Kandidaten.

Nach dem Genuss der leckeren Haxe gingen wir jedes Mal in die griechische Konditorei schräg gegenüber. Die hatten nämlich original Balkanzeug: Baklava, Tulumba, Kadaifi – alles zum Umfallen süß. Dieses Haxen-Baklava-Ritual haben wir zwei oder drei Jahre lang durchgezogen, dann löste sich unser Stammtisch ebenso spontan auf, wie er entstanden war. Unseren Verein haben wir nie eintragen lassen, aber auf gute Haxe stehen wir nach wie vor. Wir essen immer das, was uns schmeckt, und fragen nicht nach der Herkunft. Ich glaube, unsere Mägen sind extrem integrationsfähig.

Wozu ein deutscher Pass?

In letzter Zeit habe ich immer seltener mit Ausländern zu tun. Mein bosnischer Kumpel Smajo und die meisten anderen aus meiner Flüchtlings-Jugo-Clique haben sich einbürgern lassen. Auch mein Bandkollege Atila, ein Ungar aus der Vojdovina, ist neuerdings deutscher Staatsbürger. Ich dagegen bin immer noch Doppelstaatler mit serbischem und kroatischem Pass. Dabei erfülle ich die Voraussetzungen für eine Einbürgerung nicht erst seit gestern: Ich lebe seit mindestens acht Jahren in Deutschland, habe seit mindestens fünf Jahren eine Aufenthaltserlaubnis und habe Deutschland noch nie auf der Tasche gelegen. Wenn ich Deutscher wäre, könnte ich zwar wählen gehen, aber ehrlich gesagt wüsste ich momentan nicht, für welche Partei ich mich entscheiden sollte. Außerdem könnte ich als Deutscher Tante Sonja und Onkel Helmut, die mittlerweile in New York leben, ohne aufwendige Visa-Prozeduren besuchen. Doch für diese beiden Vorteile eines deutschen Passes müsste ich eine Menge Bürokratie in Kauf nehmen. Und die serbischen wie kroatischen Behörden würden für die Ausbürgerung ordentlich abkassieren. Womöglich müsste ich sogar einen Sprachtest zur Überprüfung meiner Deutschkenntnisse über mich ergehen lassen. Da schone ich lieber meine Nerven. Mit meinem kroatischen Pass kann ich die meisten Länder auch ohne Visum besuchen. Und für den New-York-Besuch werde ich mich dann eben doch irgendwann beim US-Konsulat in die Visumsschlange stellen.

Ich kann nachvollziehen, dass viele den deutschen Pass als letzten Schritt der Integration begreifen. Doch für mich ist er nicht mehr als ein Stück Papier. Genauso wie jeder andere Pass.

6

»Trrrotzdem«
beim Radio gelandet

»Was willst du später einmal werden?« Auf diese Frage hatte ich als Kind gleich zwei Antworten: Feuerwehrmann und Schlagzeuger. Journalist, wie meine Eltern, wollte ich nie werden. Meine Mutter Sonja war Korrespondentin von Radio und Fernsehen Zagreb in Belgrad, mein Vater Branko außenpolitischer Kommentator beim ersten Programm von Radio Belgrad. Als Erstklässler dachte ich, meine Eltern säßen den ganzen Tag in einem Kiosk und verkauften Zeitungen. Weil das serbische Wort für Journalist (»novinar«) vom Wort »novine« (»Zeitung«) abgeleitet wird. Später habe ich meine Eltern oft bei der Arbeit besucht. Der Kiosk, in dem sie saßen, war halbkreisförmig, hatte fünf Stockwerke und stand mitten im Zentrum. Meine Eltern arbeiteten beide auf der dritten Etage. Denn dort hatten damals sowohl die Mitarbeiter von Radio Belgrad als auch die Belgrader Korrespondenten von Radio Zagreb, Radio Sarajevo, Radio Titograd* und Radio Ljubljana ihre Redaktionen. Bevor mein Bruder Boris und ich dort vorbeischauten, um Geld für den Friseur oder ein paar neue Turnschuhe abzuholen, gingen wir meistens in der Kantine des riesigen Radio-Gebäudes Grillspezialitäten essen. Alle kannten uns,

---

* Heute: Podgorica (Hauptstadt von Montenegro)

vom Pförtner über die Kantinenfrauen bis hin zu den Kollegen unserer Eltern. Radio Belgrad – das war für uns eine Mischung aus Abenteuerspielplatz und zweitem Zuhause. Aber später selbst »novinar« beim Radio werden? Das kam nicht in Frage. Ich hatte keine Lust, irgendwelche langweiligen Nachrichten vorzulesen oder Kommentare zu schreiben. Allerdings geriet auch der Berufswunsch »Feuerwehrmann« schnell aufs Abstellgleis. »Schlagzeuger« hielt sich noch ein paar Jahre, wurde aber mehr und mehr von »Gitarrist« und »Sänger« abgelöst – am besten in Kombination.

Dass ich heute beim Radio arbeite und in die Fußstapfen meiner Eltern getreten bin, war also nie geplant. Zwar hatte ich durch den Belgrader Job als Kamera-Assistent, das Düsseldorfer Studium der Medienwissenschaften und die Konzertkritiken für das serbische Musikmagazin *XZ* ein paar journalistische Erfahrungen. Doch wenn ich weiterhin die Arbeitserlaubnis für den Uni-Nebenjob als Postexpressbote bekommen hätte, wäre mein Weg sicher ganz anders verlaufen. Und wenn mich Nebojša, ein Ex-Kollege meiner Mutter, nicht gebeten hätte, mit meinem Noch-Dienstwagen der Post den Umzug seiner Tochter zu organisieren, wäre ich wohl nie auf die Idee gekommen, mich beim Radio zu bewerben. Nebojša lebte nämlich inzwischen in Düsseldorf, arbeitete bei der Südosteuropa-Redaktion des WDR Funkhaus Europa und meinte zwischen Kartons, Koffern und Kakteen: »Bewirb dich doch bei uns als freier Mitarbeiter!« So hatte der Postexpress-Transporter eine Kettenreaktion in Gang gesetzt: Zwei Tage bevor ich ihn endgültig abgeben musste, fuhr ich zum Vorstellungsgespräch nach Köln – und blieb fast in der WDR-Tiefgarage stecken. Ein gutes Omen: Ich bekam den Job.

Gleich nach der Jahrtausendwende ging es los. Viel schlechter als deine Eltern wirst du das wohl auch nicht machen, hoffte ich – und wusste: Viel besser hättest du es als Marathonläufer durch die deutsche Bürokratie nicht treffen können. Mein neuer Arbeitgeber hatte sich »Integration« als einen Schwerpunkt auf die Senderfahnen geschrieben. Von morgens bis zum frühen Abend sendet Funkhaus Europa auf Deutsch, danach in vierzehn weiteren Sprachen, auch in meiner Muttersprache. Ich produzierte probeweise einen ersten Beitrag für die Südosteuropa-Redaktion. Darin ging es um meinen Freund Siniša, der damals gerade einen Preis für seine Kunst erhalten hatte. Die Redakteure Nada und Zoran waren mit meinem Radiodebüt zufrieden und schlugen vor, ich solle die Nachrichten auf Serbisch moderieren. Nachrichten moderieren? »Leute, das kann ich nicht!«

»Entspann dich, das bringen wir dir schon bei.«

Learning by doing: Fünf Jahre lang stellte ich aus verschiedenen Agenturquellen die serbischsprachigen 20-Uhr-Nachrichten zusammen und las sie vor.

Als im Mai 2000 eine neue wöchentliche Balkanmusiksendung für junge Leute starten sollte, kam in der Redaktion Panik auf, weil sich bis dato kaum jemand ernsthaft um Musik gekümmert hatte. »Konnte das nicht dieser Neue machen«, warf Nataša, die Sekretärin der Südosteuropa-Redaktion, in die Runde. Der sei doch selbst Musiker und rede so gerne. Ich packte die Gelegenheit beim Schopf und moderierte von nun an parallel zu den Nachrichten die zweisprachige Sendung »Corso«. Nebenbei durfte ich Beiträge für die muttersprachliche Abendsendung »Radio Forum« und später auch für das deutsche Funkhaus-Europa-Tagesprogramm produzieren. Nun war ich doch in die »novinar«-Stapfen meiner Eltern getreten...

Deutsch-balkanesische Oral History

Am 7. Mai 2005 wurde ich zum *Balkanizer*. Seitdem heißt es Samstag für Samstag: »Einen wunderschönen dobar dan* und herzlich willkomenčić!« 56 Minuten lang spiele ich Balkanmusik und spreche mit einem Gast, der von seiner Beziehung zum Balkan erzählt. »Balkan« heißt bei mir aber nicht nur »die Länder des ehemaligen Jugoslawien«, sondern auch: Bulgarien, Rumänien, Griechenland und Albanien. Ursprünglich sollte ich auch diese Sendung zweisprachig moderieren. Bei der Pilotsendung habe ich das probiert – aber sofort gemerkt, dass das Konzept einer Personalityshow mit Studiogästen viel besser aufgeht, wenn die Sendung komplett auf Deutsch läuft. Die Ex-Jugoslawen fühlen sich sowieso als Insider. Schließlich spiele ich hauptsächlich »ihre Musik«, und sie können die Witze und kleinen Anekdoten der Gäste am besten nachvollziehen. Wenn sie mein Deutsch mit dem gerolltem Slawen-R hören, denken sie: Aha, der Typ ist einer von uns. Und alle anderen Funkhaus-Europa-Hörer denken: Oh, der klingt aber original balkanesisch. Auf diese Weise fühlen sich viele angesprochen und möglichst wenige ausgeschlossen. Vielleicht lernt der eine oder die andere durch die wöchentlichen Balkangeschichten sogar etwas dazu – zum Beispiel, dass Montenegro nicht in Südamerika liegt...

Als Gäste kommen hauptsächlich »Nachbarn von nebenan« ins Studio. So entsteht Woche für Woche ein neues Audio-Porträt. Willkommen sind alle, die in irgendeiner Form mit dem Balkan zu tun haben. Im Mittelpunkt steht der Alltag meiner Gäste. Thematisch gibt es keine Grenzen, die Bandbreite reicht von einer Reifenpanne in den Schluchten des Bal-

---
* »Guten Tag«

kans bis zu den Höhen und Tiefen der Integration in Deutschland. Während am Anfang fast nur Jugos den Weg ins Studio fanden, melden sich nun auch Menschen, von denen wir in der Redaktion nie gedacht hätten, dass wir sie erreichen. Zum Beispiel ein Perser aus Düsseldorf, der in den 1980er-Jahren mehrere Semester in Novi Sad Architektur studiert hat. Oder ein in Rumänien geborener Siebenbürger-Sachse, der seit seiner Kindheit in Deutschland lebt, sich weder hier noch dort zu Hause fühlt, dafür aber seine Vorliebe für serbische Folklore entdeckt hat. Und natürlich kommen auch Deutsche zu mir in die Sendung, die auf dem Balkan gearbeitet haben, dort regelmäßig Urlaub machen oder mit einem Partner vom Balkan verheiratet sind. Die Sendung ist ein Selbstläufer geworden.

Mittlerweile bin ich sogar als Problemlöser gefragt: Ein deutsch-bosnisches Paar sucht für seine Hochzeit einen DJ, der sowohl bosnische als auch deutsche Musik auflegt: »Danko, kennst du jemanden?« Oder es meldet sich ein Volleyballverein aus Bremen, der die serbische Volleyballnationalmannschaft der Frauen zu Gast hat und jemanden für Übersetzung und Betreuung sucht. Und bisher konnte das *Balkanizer*-Team immer helfen...

Eine Gitarre mit Kosename

Keine *Balkanizer*-Sendung ohne »Uamana Balkana«! So heißt meine alte Gitarre, und die verdankt ihren Kosenamen dem Hersteller YAMAHA: Denn wenn man YAMAHA auf Kyrillisch liest, heißt es »Uamana«. Ich spiele seit dreißig Jahren Gitarre und übertreibe gerne, dass ich rund 2000 Lieder auswendig spielen kann. Beim *Balkanizer* hat jeder Gast zum Schluss der Sendung einen Musikwunsch – und spätestens dann gibt es ein kurzes Akustik-live-Set. Wenn es sich anbietet, schnappe ich mir die »Uamana Balkana« aber auch gerne zwischendurch: Erzählt ein Gast von seiner Hochzeit in Serbien, spiele ich ein typisches Hochzeitslied vom Balkan. Und wenn einer von seiner ersten Liebe aus dem Adria-Urlaub schwärmt, findet sich ein passender Song aus Dalmatien. Noch immer ist es die Musik, die die Menschen aus allen Teilen Ex-Jugoslawiens miteinander verbindet, und besonders bei den Songs unserer musikalischen Helden von damals fühlen sich Hörer mit Balkan-Hintergrund zu Hause. Das hat weniger mit Jugo-Nostalgie zu tun als damit, dass diese Musik ein Teil unserer kulturellen Identität ist. Wenn sich also kroatische oder serbische Gäste Lieder von Bijelo Dugme aus Sarajevo wünschen, liegt darin normalerweise keine besondere Symbolik. Denn diese Band hatte im alten Jugoslawien einfach den Status »Rolling Stones des Balkans«.

Krieg im Radio

Wie spricht man in einer Unterhaltungssendung über den Krieg? Ein sensibles Thema. Ich kann das, was in der ersten Hälfte der 1990er-Jahre in Ex-Jugoslawien passiert ist, nicht ignorieren. Aber ich kann es einem Gast wohl kaum zumuten, in einer Unterhaltungssendung zu erzählen, wie seine Familie umgebracht worden ist. Daher versuche ich, den Bogen jeder Sendung im Vorfeld so weit wie möglich zu planen. Das funktioniert nur über ein ausführliches Vorgespräch. Darin erfahre ich, ob der Krieg das Leben meines Gastes beeinflusst hat, ob er überhaupt darüber reden will und welche Antworten ich zu erwarten habe. Wenn der Krieg in der Biografie eines Gastes keine entscheidende Rolle spielt, bereite ich andere Gesprächsthemen vor. Hat der Krieg das Leben eines Gastes jedoch auf den Kopf gestellt, müssen wir das in der Sendung zumindest ansprechen. Ein Beispiel: Ich sitze mit einem bosnischen Moslem im Studio, der im Krieg beide Eltern verloren hat, nach Deutschland geflüchtet ist und seit über fünfzehn Jahren hier lebt. Den schmerzlichen Teil seiner Geschichte übernehme ich als Moderator:

»Du bist 1993 aus Bosnien nach Deutschland geflüchtet. Deine Eltern sind im Krieg ums Leben gekommen. Du hast wirklich schwere Zeiten hinter dir, dennoch strahlst du positive Energie und Ruhe aus, und was mir am meisten imponiert: Ich spüre bei dir keinen Hass – wie hast du das geschafft?«

Wenn ein Bosnier mit so einem Schicksal zu mir in die Sendung kommt, ist er auch offen, darüber zu sprechen. In den beiden anderen Blöcken unterhalten wir uns über seinen Alltag und seine Zukunftspläne: Wie hat mein Gast in Deutschland Fuß gefasst? Was macht er beruflich? Wie oft fährt er in seine alte Heimat?

Mit Nationalisten habe ich in der Sendung zum Glück nichts zu tun, die melden sich erst gar nicht. Denn es genügt, den *Balkanizer* zweimal zu hören, dann dürfte allen Unter-sich-Bleibern klar sein, dass ich für Kontakt und Vernetzung eintrete. Ein extremer Nationalist in meiner Sendung, das wäre ungefähr so, als würde die NPD eine eigene Trachtengruppe beim Berliner Karneval der Kulturen ins Rennen schicken. Das bedeutet aber nicht, dass alle Gäste der Sendung frei von patriotischen Gefühlen sind. Sobald jemand eine gewisse Grenze überschreitet, muss ich kontern. Einmal hatte ich einen serbischen Gast, der in einem Nebensatz die Bemerkung »Uns Serben mag sowieso keiner« fallen ließ. Damit spielte er auf die in Serbien kursierenden Verschwörungstheorien an. Ich weiß genau, dass viele Hörer dieses Gejammer nicht mehr ertragen können. Was tun? Diskutieren? Damit würde ich dem Thema ein Forum geben. Ich versuche, solche Situationen lieber kurz und knapp zu lösen – zum Beispiel mit einer ironischen Bemerkung: »Jaja, ist klar. CIA, Vatikan, Mutter Teresa, Dieter Bohlen – alle sind gegen die Serben.«

Auch während der Sonderausgabe »Balkanizer Extrascharf«, in der ich ein paar Mal im Jahr live mit Hörern telefoniere und Musikwünsche erfülle, erlebe ich kleine Überraschungen. Einmal wünschte sich ein Hörer ein altes Lied der Belgrader Rockband Riblja Čorba – das ist eine Poprock-Formation, die in den 70er- und 80er-Jahren in Jugoslawien große Erfolge feierte. Nun muss man wissen, dass der Sänger dieser Band, Bora Djordjević, in den 90er-Jahren zum Ultra-Nationalisten geworden ist und sich auch in der Öffentlichkeit entsprechend äußert. Verständlicherweise hat Riblja Čorba seitdem in Slowenien, Bosnien und Kroatien nur noch wenige Fans. Doch wie geht man mit den alten, nichtnationalistischen Songs einer Band um, deren Sänger inzwischen am rechten Rand unterwegs ist? Ich bin da ganz pragmatisch. Für mich ist das Motiv des Hörers wichtig. Hätte er sich das Riblja-Čorba-Lied gewünscht, weil er dazu 1978 zum ersten Mal mit einem Mädchen getanzt hat, dann hätte ich das Lied ohne weiteren Kommentar angesagt. Doch als ich nachfragte, begann der Anrufer den Riblja-Čorba-Sänger in den höchsten Tönen zu loben. Djordjević sei nicht nur ein genialer Musiker, er nehme auch kein Blatt vor den Mund. Das konnte ich als »Anwalt der Hörer« nicht unkommentiert lassen: »Gut, er sagt zwar, was er denkt, das Problem ist nur, dass er mittlerweile ziemlich rechtsradikale und nationalistische Gedanken hat« – der Hörer schluckte, und ich spielte seinen Musikwunsch.

Ein paar Monate später kam ein Kosovo-Albaner in die Sendung. Er macht wie ich Musik und hatte seine Gitarre mitgebracht, also sangen wir gemeinsam ein paar Lieder – er auf Albanisch, ich auf Serbisch. Damals wurde viel über die geplante Unabhängigkeit des Kosovo diskutiert, und es war sicher nicht selbstverständlich, dass sich ein Kosovare mit einem Belgrader im Radio unterhält. Als die Mikrofone aus waren, erzählte er mir: »Ich habe mich daran erinnert, wie du mit diesem Hörer umgegangen bist, der Riblja Čorba hören wollte. Und ich dachte, dieser Moderator ist in Ordnung, der ist neutral, in seine Sendung kann ich gehen. Auch als Kosovo-Albaner.«

Lizenz zum Balkanisieren

Gastarbeiterkinder sehen die Heimat ihrer Eltern manchmal einen Tick zu eindimensional. Dann versuche ich, ihnen als *Balkanizer* die Türen zu einer zweiten Dimension zu öffnen. Meckert einer über das »schlechte Wetter« in Deutschland und meint, »da unten« sei es »immer so schön warm und sonnig«, weise ich darauf hin, dass der Balkanwinter um einiges kälter sein kann als der deutsche. Schwärmt jemand, der Bosnien, Serbien oder Kroatien nur aus dem Sommerurlaub kennt, überschwänglich von Land und Leuten, frage ich kurz nach: »Warum ziehst du nicht um, wenn es dir dort viel besser gefällt als in Deutschland?« Die meisten Gäste antworten, dass ein Umzug für sie nicht in Frage kommt – und spätestens jetzt wird ihnen bewusst, dass es offenbar doch ganz schön viel in ihrem deutschen Alltag gibt, was der Balkan nicht zu bieten hat. Auch bei der Identitätsfrage sorge ich häufig für kleine Irritationen. Wenn ein Gast mit kroatischen Eltern, der in Bielefeld geboren und aufgewachsen ist, behauptet, er komme aus Kroatien, sage ich: »Wie jetzt? Ich dachte, du kommst aus Bielefeld.« Und wenn ein Gast erzählt, er sei zu sechzig Prozent

Jugo und zu vierzig Prozent Deutscher, frage ich nach, wie man das genau messen kann und was die jeweils typischen Eigenschaften sind. Manchmal habe ich den Eindruck, dass ich der Erste bin, der ihnen solche Fragen stellt und Widersprüche aufdeckt. Aber anscheinend darf ich das, ohne dass es mir übelgenommen wird. Schließlich habe ich als *Balkanizer* die Lizenz zum Balkanisieren.

Selbstverständlich erlebe ich auch oft Gäste, die gar keine Denkanstöße nötig haben. Obwohl einige von ihnen in einem konservativen Gastarbeiterumfeld groß geworden sind, haben sie sich von der Geschichte ihrer Eltern emanzipiert und sich ein eigenes, differenzierteres Weltbild geschaffen. Sie haben sich entschieden, nicht im »Ghetto« zu leben und von den Vorzügen einer Multikulti-Gesellschaft zu profitieren. Anstatt in nationalen Kategorien zu denken, sehen viele den Balkan als einen kulturellen Raum. Sie haben verstanden, dass den Serben kein anderes Volk näher ist als das kroatische – und umgekehrt. Genau darum geht es bei meiner kleinen »Balkantagung« im Radio: Offenheit, Toleranz und Austausch statt Hass, Xenophobie und Vorurteile.

Gesund, rund und fröhlich

Der Krieg hat das Image des Balkans in den Keller fallen lassen. Mittlerweile wird der Begriff »Balkanisierung« aber in allen möglichen Zusammenhängen verwendet: Balkanisierung des Internets, Balkanisierung der Banken, Balkanisierung der EU. Dabei geht es immer um Zerfallsprozesse, um Chaos oder zumindest um einen drohenden Kontrollverlust. Wenn ich am Anfang meiner Sendung sage: »Und heute werden wir uns wieder eine Runde balkanisieren«, gebe ich diesem Begriff eine neue, eine positive Bedeutung: Ich serviere meinen Hörern einen Cocktail, der sie hoffentlich unterhält und inspiriert. Besonders den deutschen Hörern will ich damit zeigen, dass nicht alles auf dem Balkan schrecklich ist, dass dort nicht nur Barbaren leben. Dass der Balkan eine Region mit spannenden kulturellen und musikalischen Eigenheiten ist. Und vielleicht bekommt das schwarz-weiße Balkanbild dadurch auch ein paar Grau- oder sogar bunte Töne.

Eine Personalityshow lebt nicht zuletzt von kleinen Ritualen, daher begrüße ich die Hörer immer »zum gemeinsamen Balkanisieren« mit »Herzlich willkommenčić« und verabschiede mich stets mit dem gleichen Satz: »Bleibt gesund, rund und fröhlich!« So beendete mein Vater nämlich unsere täglichen Telefongespräche, als ich noch in Recklinghausen lebte, und sagte mir damit: »Kopf hoch, mein Sohn.« Die Balkanizer-Verabschiedung ist also für mich nicht nur eine geheime Brücke in eine Zeit, in der es mir mies ging, sondern auch eine ganz persönliche Hommage an meinen 1997 verstorbenen Vater.

7

Eine Band, die vergiftet

»Super! Die erste Punkrock-Combo der Diaspora!«, sagt die eine junge Frau mit Jugo-Hintergrund zur anderen.
»Was ist Diaspora?«, fragt die andere.
»Du bist Diaspora!«
Diesen Dialog hat eine Freundin von mir mitbekommen, als ich mit meiner Band auf der Bühne stand. Im Kölner Stadtgarten feierten wir mit Trovači die Release-Party unseres ersten Albums. Der Weg dorthin war kurz und schmerzlos und mal wieder alles andere als geplant.

Als ich 1999 meinen dreißigsten Geburtstag feierte, waren die Popstarträume längst ausgeträumt. Mein Studienabschluss stand bevor und die Musik war längst nicht mehr Mittelpunkt meines Lebens. Doch als mein Bruder Boris damals nach Deutschland kam, hatte ich plötzlich Lust, mit ihm gemeinsam in einer Band zu spielen. Ich spürte, dass ich ein Projekt brauchte, das nichts zu tun hatte mit ambitionierten Musikerträumen. Mein Nachbar Aleksandar alias Gliša spielte Schlagzeug und unser Kumpel Atila Bass. Wir alle waren gerade ohne feste Band, und so fingen wir an, in Glišas Wohnung zu jammen und alte Hits der Jugoslawischen Neuen Welle zu spielen. Es war wie ein Sog: Vier Jugos, die nun in Düsseldorf lebten, hatten im ehemaligen Jugoslawien die gleichen Bücher gelesen, die gleichen Filme geguckt und die gleichen Platten gehört. Wir hatten die gleiche Art von Humor, und wir waren alle wegen des Krieges nach Deutschland geflohen. Nach ein paar Jams beschlossen wir, ab und zu auf privaten Feiern für unsere Freunde die Songs von Bands wie Idoli, Šarlo Akrobata und Haustor zu spielen. Gleichzeitig wollten wir unseren deutschen Freunden zeigen, dass wir im ehemaligen sozialistischen Jugoslawien auch eine urbane Rock'n'Roll-Szene gehabt hatten. Nach einigem Hin und Her fanden wir auch einen Bandnamen: Trovači. Das bedeutet in unserer Muttersprache wörtlich »Die Vergifter«, in einigen Regionen Ex-Jugoslawiens steht Trovači aber auch umgangssprachlich für diejenigen, die gerne und intensiv flirten. Außerdem enthält der Bandname eine Anspielung auf die üblichen Blasmusik-Klischees, denn »Trovači« unterscheidet sich nur durch zwei Buchstaben von »Trubači«, und das bedeutet »Die Trompeter«. Wir scherzten, dass Trovači nun ganz Westeuropa mit YU-New-Wave vergiften würden... Die balkanesische Turbofolk-Szene konnte einpacken.

Nebenbei erzählte ich meiner Kollegin Marion von unserem Spaßprojekt. Sie hörte sich die ersten Probenmitschnitte an, war begeistert und verpflichtete uns als Liveact für die jährliche Funkhaus-Europa-Geburtstagsparty, die sie gerade organisierte. Drei Bühnen, zehn Bands, diverse DJs. Wir sollten in derselben Halle spielen, in der auch Wladimir Kaminer mit seiner berühmten »Russendisko« auftrat... War dieses Umfeld nicht doch eine Nummer zu groß für unser Livedebüt? Aus dem privaten Nostalgietrip wurde Ernst – aber nach fünf Minuten auf der Bühne war das Publikum vergiftet. Die YU-New-Wave-Energie konnten offenbar alle spüren. Damit hatten wir nicht gerechnet!

Beim Konzertfinale sprang plötzlich Wladimir Kaminer, den ich erstmals kurz vor unserem Auftritt getroffen hatte, auf die Bühne. Wir spielten gerade das Lied »Maljčiki« (russisch für »Jungs«) der Belgrader Gruppe Idoli – ein ironischer Abgesang auf den Sozialismus. Darin gab es auch eine Strophe auf Russisch – Kaminers Part. Ich stellte ihn vor, er legte los. Das alles war improvisiert. Kaminer rappte 16 Takte auf Russisch:

»Ein Typ in weißem Jackett kam auf mich zu und begrüßte mich auf Russisch: Hallo Bruder, wie geht's dir? Hast du Lust, ein bisschen auf Russisch zu rappen? Gleich, wenn wir spielen? Und mit diesem Sänger stehe ich jetzt auf der Bühne.«

Auch das ist Deutschland: Ein Berliner Russe und vier Düsseldorfer Balkanesen interpretieren im Ruhrgebiet gemeinsam ein zwanzig Jahre altes jugoslawisches New-Wave-Stück, bei dessen Entstehung sie noch in Moskau, Belgrad und Zrenjanin* gelebt hatten.

Und ein Jahr später avancierten wir aus Sicht eines Jugo-Mädels zur »ersten Punkrock-Combo der Diaspora«.

Unsere Balkanplatte

Nach unserem Livedebüt konnten wir gar nicht anders, als die Energie des Abends auf ein Studioalbum zu übertragen. Ein Tribut an die Jugoslawische Neue Welle – mit den größten Hits aus dieser Zeit, neu interpretiert von Boris, Gliša, Atila und mir. Als Produzenten wünschten wir uns Vlada Divljan, den Sänger der Band Idoli und einer der Protagonisten der Szene. Wir schickten ihm ein Video unseres ersten Auftritts. Vlada Divljan sagte zu, und wir schwebten auf Wolke sieben. Als er für die Produktion der »Balkanplatte« nach Düsseldorf kam, war das für uns wie eine zweiwöchige Zeit-

---

* Stadt in der Vojvodina (Serbien), aus der der Bassist Atila stammt.

reise in unsere Jugend. Unser Held von damals erzählte immer wieder Anekdoten von der Jugoslawischen Neuen Welle – wir hörten staunend zu und fühlten uns wie Fünfzehnjährige.

Auf der Release-Party im Kölner Stadtgarten rockten wir gemeinsam mit Vlada Divljan die Bühne, und auch ein anderer alter Bekannter war extra angereist, um uns zu sehen: Petar Luković – der Mann, für dessen Magazin ich geschrieben hatte. Nun hatte er für unser Album-Booklet einen Text über die Jugoslawische Neue Welle verfasst.

Mit der Balkanplatte tourten wir dann zwei Jahre lang kreuz und quer durch die kleinen Clubs der Republik – von Düsseldorf bis Cottbus, von Hamburg bis München. Die alternativ eingestellten Jugos kamen endlich auf ihre Kosten, und die Deutschen lernten vielleicht zum ersten Mal eine Balkanband kennen, die keine Folklore spielt. Und wir? Wir hatten dabei einen Riesenspaß und wollten gar nicht mehr aufhören.

Besonders in Nordrhein-Westfalen kommen immer viele Balkanesen zu unseren Konzerten. Wenn die dann zu einem alten Jugo-Hit abrocken, reißen sie auch die deutschen Zuschauer mit. Vielleicht sind die Jugos sogar ein bisschen stolz auf uns, weil wir uns nicht für unsere Herkunft schämen, aber mit unserem urbanen Rock'n'Roll ganz anders daherkommen als die ironiefreien Interpreten in den Diaspora-Clubs. Und die Nicht-Jugos im Publikum merken, dass sie nicht in eine abgeschottete Ghetto-Veranstaltung hineingestolpert sind... Seit der zweiten Platte »Kuku Lele« (auf Deutsch »Ach, du dickes Ei«) spielen wir vorwiegend unsere eigenen Stücke. Wir singen über unseren Alltag im Exil. Auf Serbisch. Aber auch auf Deutsch:

»Karneval, Kirmes, Sonnenbank / Stammtisch, Haftpflicht und Ausländeramt / Frisuren für den Hund und Eckgarnitur /

Multikulti, Leitkultur / Dosenpfand und Kuckucksuhr / Wo ist bre* die Sonne / wo ist Sonne bre / wo ist bre die Sonne / Sonne Sonne bre / Turbofolk, Hass und Xenophobie / Silikonbrüste und Apathie / Dieses Bild kann ich nicht vermissen / Herz im Exil mit 1000 Rissen / Da in meiner Heimat / scheint die Sonne bre / aber nur der Sonnenschein / reicht nicht aus, o nee.«

Die Ansagen auf Konzerten mache ich immer auf Deutsch, weil mich dann alle im Saal verstehen.

Einmal sprach mich nach einem Konzert in Österreich ein Jugo-Wiener an:

»Weißt du, was Trovači sind?«

Ich schüttelte den Kopf.

»Trovači sind Integration!«

Erst dachte ich, der Mann sei betrunken. Dann stellte sich heraus: Er ist ein angesehener Soziologe und hat sich ganz genau mit unserem Auftritt auseinandergesetzt. Integration? So weit hatte ich bis dahin nie gedacht. Wir verbinden mit Musik und all dem, was wir machen (Interviews, Videoclips, Konzerte), zwei Kulturen und zwei Sprachen miteinander. Aber nicht weil wir besonders integrationsgeil sind, sondern weil das für uns selbstverständlich ist. Das ist unsere Realität – ohne soziologische Hintergedanken und Ambitionen.

Mission Eurovision

Als wir erfuhren, dass der Eurovision Song Contest 2008 in Serbien stattfinden würde, beschlossen wir, auf Kosten des NDR nach Belgrad zu fahren und unsere Familien zu be-

---

* Serbisches Füllwort (»Wo ist *bloß* die Sonne?«)

suchen. In der deutschen Öffentlichkeit wurde damals viel über die Dominanz osteuropäischer Länder bei dieser Veranstaltung diskutiert. Da wäre es doch nur konsequent, wenn Deutschland selbst eine Balkantruppe nach Belgrad schickte: Trovači. Wir hatten definitiv mehr Balkanconnections als jede andere deutsche Band und würden nicht nur bei den Jugo-Nachfolgerstaaten, sondern im gesamten »Osten« ordentlich Punkte abgreifen. Jahrelang hatten sich die deutschen Teilnehmer blamiert, nun würden vier Düsseldorfer Balkanesen die Kartoffeln aus dem Feuer holen. Wir hatten uns vorher mit den Regeln beschäftigt und herausgefunden, dass jedes Teilnehmerland auch ohne Vorentscheid einen Direktkandidaten nominieren durfte. Das war in den mehr als fünfzig Jahren deutscher Eurovision-Song-Contest-Geschichte bereits mehrere Male passiert. Also schickte unser Produzent Bojan, auch ein Jugo, der seit seiner Kindheit in Deutschland lebt, einen trocken formulierten Brief an den NDR – und erhielt eine ebenso trockene Absage:

»Vielen Dank für Ihre Initiativbewerbung zum Grand-Prix-Vorentscheid 2008, der deutschen Qualifikationsshow zum Eurovision Song Contest, der größten Musikshow der Welt. Wir haben auch Ihren Titel ›Kako Tako‹ mit Interesse gehört, konnten uns jedoch nicht dafür entscheiden. Wir bedanken uns für Ihr Engagement und wünschen Ihnen für Ihre zukünftigen musikalischen Ambitionen alles Gute.«

War dem NDR unser 1:44 Minuten langes Ska-Punk-Stück für die größte Musikshow der Welt zu kurz? Oder hatten die Senderchefs Angst, dass unsere knappe, aber eindeutige Botschaft zu einer diplomatischen Krise führen könnte? Der Text besteht nur aus zwei Worten: »kako« (»wie?«) und »tako« (»so!«), und zusammen bedeutet kako tako »so oder so«. So oder so haben wir damit wohl ein bisschen Eindruck hinterlassen, denn als wir das Thema »Grand Prix« schon längst abgehakt hatten und die No Angels als deutsche Hoffnungsträger ausgewählt worden waren, flatterte eine Einladung vom NDR ins Haus. Wir sollten »Kako Tako« bei der ARD-»Grand-Prix-Party« an der Hamburger Reeperbahn spielen – gewissermaßen als Vertreter des Eurovision-Gastgebers Serbien. Wir freuten uns diebisch, denn unsere Bewerbung war ja auch eine kleine Abrechnung mit dem Schnulzen- und Schlagermilieu gewesen. Und nun standen wir am Grand-Prix-Tag in einer Reihe mit Ein-bisschen-Frieden-Nicole, Mark-DSDS-Medlock und Michael-Ballermann-Wendler auf der Bühne und erklärten Moderator Thomas Herrmanns im Interview, warum eigentlich wir gerne in Belgrad für Deutschland angetreten wären. Eine kleine Jugo-Independent-Band als Trojanisches Pferd in der Festung des kommerziellen Liedguts.

Mit Hubert Kah im Sternenhimmel

Auf unserem dritten Album »Malo Morgen« haben wir eine deutsche Musikikone balkanisiert: Hubert Kah. Erst brachten wir ihm bei, auf Serbisch zu singen, dann aß er mit uns im Restaurant »Maria« eine leckere Balkanplatte. Angefangen hat die Geschichte mit einem Vorschlag unseres Freundes Tobias: Als Spezialisten für die Jugoslawische Neue Welle müssten wir mit Trovači nun endlich auch mal einen Song der Neuen Deutschen Welle ins Repertoire aufnehmen! Wir schauten uns im Internet alte TV-Auftritte von Hubert Kah, Trio und einigen anderen Stars der NDW an und waren überrascht, wie groß die Parallelen zu unseren jugoslawischen Stars tatsächlich waren. Inszenierungen voller Witz und Selbstironie, fast wie kleine Theatervorstellungen.

Bevor die Idee in Vergessenheit geraten konnte, schenkte mir Tobias zum Geburtstag mehrere Neue-Deutsche-Welle-Compilations, und bei jedem Treffen fragte er augenzwinkernd: »Na, schon einen passenden NDW-Song zum Covern ausgesucht?« Wir beschlossen, Tobias bei einem Liveauftritt zu überraschen, hörten uns alle möglichen Stücke an und blieben bei »Sternenhimmel« von Hubert Kah hängen. Das passte gut zu Trovači: Man konnte die Strophen skamäßig aufpeppen und dann den Refrain mit einer Prise Punk spielen. Als wir unsere Version von »Sternenhimmel« erstmals live spielten, sang die ganze Halle mit. Nur Tobias, der eigentliche Adressat, war nicht im Publikum, weil er in letzter Sekunde arbeiten musste. Dafür bekam er von uns einen Auftrag: Er sollte Hubert Kah überzeugen, »Sternenhimmel« mit Trovači neu einzusingen. Tobias spürte Hubert Kah alias Hubert Kemmler auf und erklärte ihm, wer wir sind und was wir vorhatten. Lange Zeit passierte gar nichts. Doch dann landete Hubert Kah tatsächlich in Düsseldorf und nahm mit uns eine zweisprachige Balkan-Ska-Version seines größten Hits auf. Er fand, man könne den Song nicht nur musikalisch, sondern auch inhaltlich neu interpretieren. Schließlich war seit seinem Superhit von 1982 einiges passiert, was ihn wie uns betraf: Deutschland hatte sich wiedervereinigt, und Jugoslawien war zerfallen. Also dichteten wir schnell eine zusätzliche Strophe auf Serbisch:

»Da mogu i nebo bi / ljudi podelili / zvezde ugasili / zidom ogradili / dosta nam je podela / dosta nam je granica / jer samo jedno je zvezdano nebo.«

Auf Deutsch bedeutet das:

»Die Menschen würden auch den Himmel teilen, wenn sie könnten / Sie würden die Sterne ausschalten und Mauern um sie bauen / Wir haben die Schnauze voll von Teilungen und

Grenzen / denn schließlich haben wir nur einen Sternenhimmel.«

Den »Sternenhimmel«-Refrain hat Hubert Kah auch auf Serbisch gesungen: »Zvezdano nebo, zvezdano nebo, oh oh« – und das hat er wirklich gut hinbekommen.

8

Alte Heimat, neue Heimat

Während meiner ersten Wochen und Monate in Recklinghausen habe ich viele Briefe an meine Belgrader Freunde geschickt. Briefe voller Nostalgie und voller Liebe zu meiner Heimatstadt. Briefe, in denen ich mich fragte, ob ich jemals mit einem Enkelkind auf den Schultern in meiner Stadt an der Donau spazieren gehen würde. Diese Sehnsucht ist schon lange gestorben. Damals, 1991, habe ich mich auf das Belgrad der glücklichen 80er-Jahre bezogen, das ich kannte. Wenn ich heute in Belgrad bin, erkenne ich es kaum wieder. Eine graue, harte Stadt in einem abgewrackten Land, in dem nur die Starken überleben. Eine Szene hat mich bei meinem letzten Belgrad-Besuch besonders schockiert: Eine Frau um die Siebzig, die – statt ihre Rente zu genießen – immer noch arbeiten muss, verkauft nachts an einem Kiosk Snacks und Getränke. Ihre Kunden sind überwiegend junge Leute, die gerade aus einem Club oder einer Bar kommen. Von Höflichkeit und Respekt keine Spur. Die alte Frau wird geduzt, und die Bestellungen werden im Befehlston abgefeuert: »Gib mir ein Bier!« – »Mach mir eine Pljeskavica!« – »Tu mir da Zwiebeln rein!« In Belgrad dominiert die neue Dreistigkeit. Und das Umfeld dieser jungen Leute gleicht einem oberflächlichen, schnell geschnittenen Turbofolk-Video: viel Schein, wenig Sein. Ein schickes neues Handy und Markenklamotten zählen mehr als Moral und gute Manieren. Vieles von dem alten Gemeinschaftssinn, den ich in Deutschland anfangs so vermisst habe, ist auf der Strecke geblieben. Mir kommt es tatsächlich vor, als stünde die serbische Gesellschaft am Abgrund. Das betrifft auch Menschen aus meiner persönlichen Umgebung. Letztens hat mir eine Schulfreundin erzählt, dass sie einen unserer Lehrer aus dem Gymnasium dabei beobachtet habe, wie er in einem Müllcontainer nach Verwertbarem wühlte.

»Bist du sicher?«

Ich wollte es nicht glauben.

»Ganz sicher!«

Das war einer dieser neuen Belgrader Momente, die mich gleichzeitig wütend und traurig machen. Wie es so weit kommen konnte, frage ich mich schon lange nicht mehr. Die Mehrheit der wahlberechtigten Bevölkerung hat genau die Leute in die Regierung gewählt, die das Land in die Scheiße geritten haben. Auch ein großer Teil der Opposition hat kläglich versagt, sie war zwar gegen Milošević, aber nicht, weil er die Kriege geführt, sondern weil er sie verloren hat. Die serbischen Politiker und Intellektuellen, die sich nicht in irgendeiner Weise nationalistisch geäußert haben, kann man an zwei Händen abzählen. Oder, wie man bei uns sagt: Es gibt nur wenige unter ihnen, die keine Butter auf dem Kopf haben. Eine große Chance für Serbien war der westlich orientierte Premierminister Zoran Djindjić. Doch der war vielen politischen Gegnern und Kriminellen ein Dorn im Auge – und wurde 2003 ermordet.

Dennoch fahre ich immer noch regelmäßig nach Serbien und suche nach dem »alten Geist von Belgrad«: gegenseitiges Vertrauen und menschliche Nähe. Ich finde ihn jedoch nur noch, wenn ich Freunde treffe, die ich schon ewig kenne. Sie führen ein völlig anderes Leben als ich in Deutschland, aber wir teilen eine gemeinsame Geschichte, haben den gleichen

Humor. Wenn wir uns treffen, ist erstmal alles wie früher. Wir trinken, essen, gehen aus, machen bescheuerte Witze. Doch spätestens, wenn sie mir von ihrem Alltag erzählen, wird mir wieder bewusst, wie sehr sich Belgrad verändert hat. Einige meiner Freunde fühlen Verbitterung und Ohnmacht gegenüber der aktuellen Situation und schwelgen nur noch in Erinnerungen. Andere versuchen, sich immer wieder neu zu motivieren: »Es wird langsam besser, wir lernen von Jahr zu Jahr mehr, wie Demokratie funktioniert. Hauptsache Milošević ist weg!« Ich genieße das Zusammensein mit ihnen sehr, spüre aber auch, dass ich nicht mehr richtig dazugehöre. Letztlich bin ich ein Tourist. Denn alles, was ich als 22-Jähriger in Belgrad zurücklassen musste, habe ich heute in Deutschland: Familie, Freunde, Arbeit, Band. Kurz: eine neue Heimat.

Fremd im eigenen Land

Bei meinen Belgrad-Besuchen gibt es feste Rituale. Vom Flughafen holt mich mein Freund Dejan ab. Früher wohnte er über uns und spielte Bass in unserer Teenie-Band »Amadis«. Heute muss er zwischen zwölf und vierzehn Stunden am Tag Taxi fahren, um über die Runden zu kommen. Vom Flughafen geht's direkt zu seiner Wohnung. Dort hat seine Mutter Gordana schon das Essen vorbereitet. Sieben Gänge für dreißig Personen, obwohl wir nur zu dritt sind. Das ist wie Familie. Abends gehen Dejan und ich mit unseren Freunden etwas trinken. Einer von ihnen – Miša, der damalige Keyboarder in der Band – arbeitet heute als Gerichtspräsident. Er und Dejan leben in zwei komplett verschiedenen Welten und kommunizieren am liebsten über liebevolle Beschimpfungen: »Ihr beim Gericht seid doch alle Mafiosi«, schimpft Dejan. »Und ihr Taxifahrer baggert nur die Frauen an und manipuliert eure Taxameter«, schimpft Miša zurück.

»Danko, jetzt warst du aber lange genug in Deutschland, zieh endlich zurück nach Belgrad!«, schimpfen beide in meine Richtung.

»Ich kann die Luft hier nicht mehr ertragen!«, schimpfe ich.
»Stell dich nicht so an, du Muschi!«, schimpfen Dejan und Miša.

Tatsächlich ist mir der Belgrader Smog, der bei jedem Atemzug einen eigenartigen Geschmack auf der Zunge hinterlässt, früher gar nicht aufgefallen. Doch heute weiß ich: Gegen Belgrad sind Recklinghausen und Düsseldorf Luftkurorte.

Wo wäre heute mein Platz in der serbischen Gesellschaft? Dejans und Mišas Vorschlag geht mir nicht aus dem Kopf. Was würde ich machen, wenn ich wirklich nach Belgrad zurückzöge? Wahrscheinlich wäre ich in meiner alten Heimat genauso verloren wie anfangs in Recklinghausen. Mit dem Unterschied, dass ich perfekt in der Landessprache fluchen könnte.

»Wer hier nicht verrückt wird, der ist nicht normal«

Auch ein Besuch von Radio Belgrad ist Pflicht. Dort treffe ich alte Kollegen meiner Eltern und pflege neue Kontakte. Traditioneller Treffpunkt: 12 Uhr im Klub. Der Klub von Radio Belgrad ist ein Raum, in dem Mitarbeiter und Besucher zusammenkommen, um einen Kaffee zu trinken oder etwas zu besprechen. Heute würde man wahrscheinlich von einer »Lounge« sprechen: halbrund, große Fenster, Säulen aus Marmor, viele kleine Tische und Separees. Hier habe ich unzählige Stunden verbracht, und manchmal erkenne ich sogar eine Kellnerin wieder, bei der ich als Kind meinen Saft bestellt habe. Wenn ich den Klub nach einer längeren Pause wieder betrete, startet ein Film in meinem Kopf: Ich sehe meinen Bruder und mich, wie wir als kleine Jungen zwischen den Tischen hin und her rennen und Fangen spielen. Ich sehe, wie meine Eltern – zwei junge, dynamische Journalisten – Boris und mich stolz ihren Kollegen vorstellen. Und ich sehe Musiker und Musikjournalisten, die mir, dem Sänger einer Nachwuchsband, Tipps geben, wie ich meinen Popstartraum verwirklichen könnte. In jeder Ecke, an jedem Tisch zeigt mir der Film eine andere Szene aus meinem Leben. Der Klub von Radio Belgrad spiegelt einen Teil meiner Familiengeschichte. Doch für mich ist er auch ein Symbol für den Niedergang Serbiens. Die gesamte Einrichtung ist exakt dieselbe wie damals, nichts wurde renoviert oder ausgewechselt. Das, was einmal der Stolz des Senders war, wirkt heute heruntergekommen und traurig. Dieser Eindruck setzt sich auch in den Studios fort. Die gleichen Mischpulte, die gleichen Mikrofone – alles, was damals absolut top war, ist heute altmodisch und renovierungsbedürftig.

Einmal waren Bojan, der Trovači-Produzent, und ich in einem dieser Studios zu Gast. Wir sollten ein bisschen über die Band und unser Leben in Deutschland erzählen. Uns wurde gesagt, die einstündige Sendung habe Kultstatus, und die Moderatorin sei immer super vorbereitet. Prompt begrüßte sie uns im Vorgespräch mit »Ach, da sind ja unsere Gäste aus Wien!« Wir kamen aus dem Staunen nicht mehr heraus. Warum waren die Studiofenster geöffnet? Nicht nur wir, auch die Hörer mussten sich durch den lautstark vorbeibrausenden Verkehr gestört fühlen.

»Haben Sie vergessen, die Fenster zu schließen«, fragte ich in einer Musikpause.

»Nein, die Fenster sind im Sommer immer offen. Wegen der Hitze...«

Neben Bojan und mir saß ein Belgrader Musiker als weiterer Studiogast. Und auch ein Sportreporter hampelte durch das Studio. Auf einem stumm laufenden Fernseher verfolgte er ein French-Open-Match der serbischen Tennisspielerin Ana Ivanović. Und sobald auf dem Platz etwas Spannendes passierte, fiel er demjenigen, der gerade sprach, jubelnd ins Wort und berichtete aufgeregt, dass Ana Ivanović soeben einen Satz gewonnen oder einen entscheidenden Punkt gemacht habe. Wo waren wir hier gelandet? Immerhin befanden wir uns in einer Liveshow des ersten nationalen Radioprogramms. Bojan und ich tauschten irritierte Blicke. Am Anfang dachten wir noch, wir seien Versuchskaninchen einer versteckten Kamera. Doch allmählich wurde uns klar: Wir waren hier die Einzigen, die sich wunderten – und versuchten die Sendung mit Humor zu überstehen.

Was bleibt, ist die bittere Erkenntnis, dass sogar eine Institution wie Radio Belgrad mittlerweile aus dem letzten Loch pfeift. Die Angestellten sind aufgrund der geringen Löhne kaum motiviert und leisten nur das Minimum, damit es irgendwie weitergeht. Da kann man sich leicht vorstellen, wie es dem gesamten Land geht. Eine Gesellschaft, die sich selbst aufgefressen hat, kämpft mit ganz anderen Problemen als einem chaotisch produzierten Radioprogramm. Umso schwerer haben es Kreative, die nach wie vor hochmotiviert sind, ihren Job sehr gut zu machen – sei es als Radiomoderator, Musiker, Theaterregisseur oder Künstler. Viele junge Leute aus solchen Kreisen haben der Stadt während und nach dem Krieg den Rücken gekehrt und ihr Glück im Ausland gesucht – aber längst nicht alle. Die Belgrader Kreativszene existiert. Ich bewundere diese Leute für ihr Durchhaltevermögen und ihren starken

Willen, etwas zu verändern. Trotz der begrenzten Möglichkeiten schaffen es viele, auch am Rande des Existenzminimums ein hohes Niveau zu erreichen ... während die Kriegsprofiteure ein protziges Leben führen – mit bizarren Blüten: Einer von ihnen hatte wohl Sehnsucht nach seiner Heimat in den Bergen und ließ sich mitten in Belgrad ein Haus bauen, das genauso aussieht wie die Häuser in seinem Dorf. Allerdings steht dieses Landhaus nicht auf irgendeiner freien Fläche (die gibt es im Zentrum von Belgrad ohnehin nicht), sondern auf dem Dach eines zehnstöckigen Hochhauses.

Ein Belgrader Graffitislogan hat die absurde Situation Serbiens auf den Punkt gebracht: »Wer hier nicht verrückt wird, der ist nicht normal!«

Einfühlungsvermögen? Fehlanzeige

Ich glaube, gerade, weil ich zu Belgrad eine starke Bindung habe, stören mich dort Dinge, die mich in Deutschland völlig kaltlassen. Das fängt schon bei den Schlagzeilen der Boulevardpresse am Kiosk an. Wenn mir deutsche Zeitungen neben dem Foto eines halb nackten Pin-up-Girls auf der Titelseite erzählen, wer wo mit wem wie viel gekokst hat oder wer im Dschungelcamp lebende Maden verspeist, berührt mich das überhaupt nicht. Was habe ich mit diesen Leuten zu tun? Nichts, sie sind mir egal. Wenn mir aber am Jahrestag des Massakers von Srebrenica aus serbischen Zeitungen die Silikonkönigin Ceca oder irgendeine andere Turbofolk-Tussi entgegenlächelt, denke ich sofort voller Zorn: Hier könnte ich nicht mehr leben! Dabei habe ich mit Ceca und Co. natürlich genauso wenig zu tun wie mit deutschen Dschungelcamp-Bewohnern. Und doch gibt es einen Unterschied: Für mich symbolisieren die Turbofolk-Starlets die Halbwelt, die nach dem Zerfall Jugoslawiens in Politik und Medien eingesickert ist und mit Mafiamethoden die öffentliche Meinung bestimmt. Und dann frage ich mich, wie viele Jahre noch vergehen müssen, bis die Mehrheit der Serben endlich erkennt, dass ihre Politiker einen schlimmen Krieg angefangen haben, der viel Leid ausgelöst hat. Stattdessen reden die »Wir sind Opfer«-Serben lieber von den 1999er-Luftangriffen der NATO auf Belgrad und von internationalen Verschwörungstheorien. Ich war damals auch ein Gegner der NATO-Angriffe und hatte Angst um meine Familie. Und selbstverständlich ist es schrecklich, dass bei diesen Angriffen Unschuldige ums Leben gekommen sind. Aber was ist die 78-tägige Bombardierung Belgrads gegenüber der 1425-tägigen Belagerung Sarajevos? Kann man die mehr oder weniger gezielten und vorher angekündigten NATO-Bomben gleichsetzen mit der alltäglichen Todesgefahr durch serbische Bomben und Heckenschützen im belagerten und oft von Strom, Wasser und Lebensmitteln abgeschnittenen Sarajevo?

»Kann man«, meinen viele Serben und stellen alle Kriegsparteien auf eine Stufe. »Es gibt doch überall Arschlöcher!«, sagen sie und vergessen oder verdrängen dabei den entscheidenden Unterschied: Auf Sarajevo, Zadar, Split, Dubrovnik sind unzählige serbische Bomben gefallen, auf Belgrad aber keine einzige kroatische oder bosnische. Das ist auch der Grund dafür, dass die Wunden des Krieges bei vielen Menschen in Kroatien und Bosnien noch lange nicht verheilt sind. Und so ist es absolut nachvollziehbar, dass Serben in Dalmatien eher Probleme haben als Kroaten in Belgrad. Es nervt mich sehr, dass viele Serben weder diese schwierige Situation verstehen wollen noch die nötige Empathie dafür aufbringen. Und dann erzählen sie mir noch, wie tolerant die Belgrader doch seien...

Ein Belgrader in Kroatien

Im alten Jugoslawien konnten die Journalisten – anders als ihre Kollegen in den Ostblockstaaten – relativ frei arbeiten, dennoch hätte sich keiner getraut, im Radio schlechte Witze über Tito zu machen. Auch keine guten. Kritik wurde damals nicht öffentlich, sondern zwischen den Zeilen geäußert. Als Jugoslawien nach Titos Tod auf den Zerfall zusteuerte und Milošević bereits an der Macht war, versuchte mein Vater als außenpolitischer Kommentator von Radio Belgrad, an dieser Kritik zwischen den Zeilen festzuhalten. Gerne brachte er Kommentare, die mit der Innenpolitik rein gar nichts zu tun hatten, aber etwas über die Machtverhältnisse vor der eigenen Haustür aussagten. 1992 bekamen mein Vater und ein Dutzend weiterer Journalisten von Radio Belgrad für ihre regimekritische Haltung die Quittung: Ihnen wurde auf unbestimmte Zeit gekündigt, und sie mussten sich je nach Bedarf innerhalb von 24 Stunden beim Sender melden. Stand-by-Schikane auf Milošević-Art.

Nach Kroatiens Unabhängigkeit wurde auch meine Mutter aus ihrem Belgrader Büro gekegelt, sodass sie per Fax und Telefon von zu Hause aus arbeiten musste. Während des Krieges war sie eine der wenigen kroatischen Journalisten, die in Belgrad die Stellung hielten und in kroatischen Medien kritisch über die Lage in Serbien berichteten – anfangs für Radio und Fernsehen Zagreb, später für die neu gegründete kroatische Nachrichtenagentur HINA. Die Öffentlichkeit in Serbien bekam davon nichts mit, wohl aber die in Kroatien lebenden Serben. Manche schlugen die Nummer meiner Mutter einfach im Telefonbuch nach, und so erhielten meine Eltern und mein Bruder, während ich schon in Deutschland lebte, regelmäßig Drohanrufe: »Was schreibt diese Sonja Badel für einen Scheiß über uns Serben und über Milošević! Wir werden sie und ihre Familie umbringen!« Schnell hatte sich mein Vater auf diese Anrufer spezialisiert: Sobald es klingelte, wurde das Telefon an ihn weitergereicht. Mein Vater ließ sich nicht aus der Ruhe bringen, nahm sich Zeit für diese grotesken Gespräche. Manchmal fragte er die Anrufer einfach: »Wie ist das Wetter bei euch?« Oder er fragte ironisch nach, ob sie als Serben aus Kroatien wirklich ihm – einem Serben aus Čačak* – das Serbentum beibringen wollten. Schließlich brachte er sogar Boris und mich ins Spiel: »Ihr wollt uns umbringen? Dann macht euch schon mal auf den Weg! Ich habe zwei Söhne, die sind so groß wie die Berge von Montenegro. Die werden die Sache mit euch klären!« Als ich im Haus von Tante Sonja und Onkel Helmut von diesem Telefonterror erfuhr, fühlte ich mich nicht mal so groß wie der Recklinghauser Rodelberg (der ein Hügel ist) und machte mir Sorgen, denn bei der Auskunft konnte man nicht nur die Nummer von Familie Badel-Rabrenović erfahren, sondern auch die Adresse. Mein Vater beruhigte mich: »Das sind nur leere Drohungen! Uns wird nichts passieren!« Zum Glück behielt er recht.

Im Sommer 1995, kurz vor Ende des Krieges, wollte ich Caroline unser langjähriges Feriendomizil auf der kleinen kroatischen Adria-Insel zeigen und meine Eltern und meinen Bruder dort treffen. Die erste Urlaubsreise in meine alte Heimat seit der Flucht nach Deutschland. Von meinem Bruder hatte ich erfahren, dass er in Belgrad als Sohn einer kroatischen Journalistin in bestimmten Kreisen nicht mehr als »richtiger Serbe« angesehen wurde. Wie würden die Menschen auf »unserer« Insel nun auf eine halbserbische Familie aus Belgrad

---

* Stadt in Zentralserbien und Geburtsort meines Vaters

reagieren, während die kroatische Armee in der Krajina* gerade eine Großoffensive gegen die Serben startete? Schon auf der Fähre traf ich einen alten Bekannten in kroatischer Armeeuniform, der offensichtlich von der Front kam. Er hätte wahrscheinlich genug Gründe gehabt, einem Belgrader wie mir reserviert gegenüberzutreten, aber er umarmte mich zur Begrüßung, als wäre nichts gewesen. Ich atmete auf. Auch nach der Ankunft verhielten sich die meisten Inselbewohner zunächst ganz normal: »Hallo, wie geht's, was läuft? Hab gehört, du bist in Deutschland.« Wahrscheinlich hatten mein Bruder und ich durch unsere Mutter einen dicken Bonus. Alle wussten, dass sie als kroatische Korrespondentin in Belgrad schwere Zeiten durchmachte. Dennoch spürte ich nach der ersten Erleichterung schnell, dass sich die Stimmung sehr wohl verändert hatte: Für drei meiner kroatischen Freunde, mit denen ich bereits als Teenager gemeinsam gefeiert hatte, war ich Luft. Eine alte Frau, die wir seit dreißig Jahren kannten, sagte zu meiner Mutter: »Sonja, ich habe dich vor ein paar Tagen im Radio gehört und mich gefragt, wie du so etwas machen kannst: Du arbeitest für uns und schläfst mit ihm!«

»Aber mein Mann hat niemandem etwas angetan, er liebt Kroatien«, sagte meine Mutter.

»Jaja«, erwiderte die alte Frau, »aber wer soll ihm das glauben?«

Meine Eltern hatten mehrere solcher Begegnungen. Schließlich überlegten sie, unser Ferienhaus zu verkaufen. »Ihr könnt doch nicht wegen ein paar Idioten euer Haus verkaufen!«, protestierten unsere kroatischen Freunde. »Die werden schon wieder zu sich finden. Genießt das Wetter und das Meer!« Meine Eltern beschlossen abzuwarten. Und tatsächlich: Som-

---

* Region in Kroatien, die von vielen Serben bewohnt wurde.

mer für Sommer entspannte sich die Situation ein kleines bisschen, bis sich meine Eltern schließlich entschieden, das Haus doch zu behalten.

Ein paar Jahre später nahm ich in der Dorfkirche mit dem örtlichen Chor mehrere A-capella-CDs mit traditionellen dalmatinischen Liedern auf. Bis dahin waren diese nur mündlich von Generation zu Generation weitergegeben worden. Vielleicht haben auch solche kleinen Gesten dazu beigetragen, dass mein Bruder und ich mittlerweile auf »unserer« kroatischen Insel überhaupt keine Probleme mehr haben. Wir sind als Teil der Gemeinschaft anerkannt.

Mobiler Flachwurzler

Vor einiger Zeit habe ich in einer Kiste im Keller das Ticket wiedergefunden, mit dem ich am 4. August 1991 auf der Flucht vor dem Krieg in Düsseldorf gelandet bin. Rückflug: OPEN. Damals wollte ich nur zwei bis drei Monate in Deutschland bleiben – mittlerweile lebe ich über zwanzig Jahre hier. Was werde ich in den nächsten zwanzig Jahren machen? Ich bin da ebenso »OFFEN« wie mein damaliger Rückflug. Vielleicht verlagere ich als Rentner meinen Sommerwohnsitz komplett an die Adria und lade regelmäßig meine Freunde aus Deutschland ein. In jedem Fall ist die kleine Insel der Ort in meiner alten Heimat, an dem ich mich am wohlsten fühle. Vermutlich, weil sich dort in den vergangenen zwanzig Jahren rein visuell am wenigsten verändert hat: Das Meer ist wunderschön, es gibt kaum Touristen, keine Autos und keine neu errichteten Bettenburgen. Hier habe ich als Kind und Teenager die sorglosesten Tage meines Lebens verbracht, und ich kann heute das Inselleben genauso genießen wie damals: leckeren Fisch essen, im kristallklaren Meer schwimmen, mit Freunden zusammensitzen und alte Lieder singen... Hier kann ich den Krieg und das, was er in meiner Heimat angerichtet hat, zumindest für eine Weile vergessen. In Belgrad kann ich das nicht. Ebenso wenig in Zagreb, wo meine Mutter inzwischen wieder lebt. Auch dort spürt man den Wandel an jeder Ecke. Ähnlich wie in Serbien gehören in Kroatien Ultra-Nationalisten, Mafia- und Clanstrukturen sowie Korruption zum Alltag. Eine Menge Politiker haben das Land ausgebeutet und sich und ihre Familien bereichert. Dennoch hat Kroatien schneller als Serbien Anschluss an Europa gefunden und kommt als beliebtes Urlaubsland gerade noch so über die Runden. Wenn es um korrekte Dienstleistungen geht, könnte ich, der deutschen Standard gewöhnt ist, allerdings auch in Kroatien regelmäßig ausflippen. Das fängt beim Automieten an (Auto telefonisch reserviert, aber vor Ort heißt es: »Ihre Reservierung ist uns nicht bekannt.«) und hört bei Service und Qualität der Handwerker auf (kostspieliges neues Dach... nur die Wasserrinnen fehlen). Um EU-Mitglied zu werden, müssen die Kroaten wohl noch ein bisschen trainieren. Doch spätestens, wenn ich in Deutschland in Rente gehe, werden sich nach Slowenien auch Kroatien, Serbien, Montenegro, Bosnien und Herzegowina, Mazedonien und Kosovo in der Europäischen Union treffen. Gut möglich, dass die ehemaligen Bundesstaaten Jugoslawiens dann unter dem EU-Dach wieder gemeinsam für Balkan-Interessen eintreten. Bis es so weit ist, wird die Mehrheit der Menschen auf dem Balkan hoffentlich erkannt haben, wie paradox der Jugoslawienkrieg war: Wir Ex-Jugos sind zwingend aufeinander angewiesen. Unsere Wurzeln verlaufen grenzüberschreitend, wir sind miteinander verstrickt. Geschichtlich, kulturell, wirtschaftlich.

Apropos Wurzeln: Ich gehöre nicht zu den Leuten, die davon träumen, dort zu sterben, wo sie herkommen. Das wäre in meinem Fall auch ziemlich schwierig. Wo sollen sich die Wurzeln bei einem in Zagreb geborenen Belgrader, der seit seiner Kindheit auf derselben dalmatinischen Adria-Insel Sommerurlaub macht, festkrallen? Noch dazu, wenn er schon so lange in Deutschland lebt, mehrmals im Jahr Richtung Balkan reist und eine Wohnadresse in Düsseldorf, aber eine Arbeitsadresse in Köln hat? Meine Wurzeln haben irgendwann aufgegeben, fest und tief anzuwachsen. Stattdessen haben sie sich Beine zugelegt. Ich bin also weder verwurzelt noch entwurzelt. Ich bin ein mobiler Flachwurzler. Und wahrscheinlich nicht der einzige.

Zugabe

Wer schafft sich hier ab?

Als im Herbst 2010 die erste Ausgabe von »Der Balkanizer. Ein Jugo in Deutschland« erschien, sprach die ganze Republik gerade über ein anderes Buch. Geschrieben von einem schnauzbärtigen Politiker, der sich große Sorgen um die Zukunft des Landes machte: »Deutschland schafft sich ab«. Schuld daran waren seiner Meinung nach die Menschen mit Migrationshintergrund. Im Volksmund: »die Ausländer« – egal, ob sie schon in der zweiten oder dritten Generation hier leben. Das Buch wurde zum Megaseller. Ich habe es nicht gelesen. Ein paar Zitate, die täglich in den Medien kursierten, reichten mir. Schnell war mir klar, dass es sich um ein hässliches Buch handelt, das die Stimmung vergiftet und in einer Multikulti-Gesellschaft wie Deutschland alles andere als konstruktiv ist.

Was mich aber viel mehr störte als seine rassistischen Gedanken war die Tatsache, dass der Autor so viel Aufmerksamkeit bekam und sich so viele Leute das Buch gekauft hatten. Dieser Mann saß nun in jeder Talkshow und erzählte, wie schlecht doch alles gelaufen sei mit den »Ausländern«. Von einem Tag auf den anderen diskutierte das ganze Land über Integration. Für mich aber war Integration seit meiner Ankunft ein Thema, und die liegt nun auch schon rund zwanzig Jahre zurück.

Ich schaute mir fast alle TV-Debatten an und hätte am liebsten mitgeredet. Jedes Mal hatte ich das Gefühl, dass sie auch über mich und mein Leben sprachen. Als sich die Integrationsdebatte dann aber nach und nach in eine Islamdebatte verwandelt hatte, glaubte ich auch nicht mehr, dass irgendjemand die Meinung eines nicht-moslemischen Autors hören wollte.

Überall Schwarz-Weiß-Bilder: Die Medien interessierten sich entweder für die problematischen *Integrationsverweigerer* (Was für ein Wort!) – oder für die Vorzeigebeispiele wie Özil und Co. Dazwischen gab es nichts. Ich und noch ein paar Millionen andere Migranten, die in Deutschland voll integriert sind und hier gerne leben, existierten für die Medien nicht.

Nach einigen Wochen konnte ich die Integrationsdebatte nicht mehr ertragen. Da kam unerwartet eine Einladung von der *taz* aus Berlin. Ob ich nicht bei einer Sonderausgabe als Gastredakteur mitwirken wolle? Die Idee war, verschiedene kreative Menschen mit Migrationshintergrund zu versammeln und mit ihnen eine Ausgabe zu produzieren, als eine Art Gegenwind zum immer noch tobenden Sarrazin-Sturm. Kurz darauf saß ich in einem *taz*-Konferenzraum in Berlin, zusammen mit Dunja Hayali, Feridun Zaimoglu, Hatice Akyün und noch einem Dutzend anderer namhafter Migranten. Jeder schrieb einen Text für die Sonderausgabe »Ein schöner Land«, die schon am nächsten Tag erschien. Ich habe meinen Text Angela Merkel gewidmet, denn sie hat mich mit ihrer Aussage »Multikulti sei gescheitert« weit mehr enttäuscht als der SPD-Politiker mit seinem Buch. Schließlich ist sie unsere Bundeskanzlerin.

Bin ich etwa tot? (taz, 7.12.2010)

Ich wache auf, und überall heißt es: »Multikulti ist tot!«. Das kann nicht sein, mein Herz schlägt wie immer. Woher wollen die das wissen? Gab es eine empirische Studie, waren sie mit »Multikulti« beim Arzt? Das klingt ja so, als hätte ich den Termin verpasst, an dem die Deadline für Integration abgelaufen ist. Ist »Multikulti« damit gestorben? Ich dachte immer, Integration sei ein Ideal, und wir müssten alle etwas tun, diesem Ideal täglich näher zu kommen.

Der Totenschein für »Multikulti« erscheint mir genau so paradox wie der Aufenthaltstitel, den mir die Ausländerbehörde vor ein paar Jahren in den Pass geknallt hat: »Fiktionsbescheinigung«. Weil mir einige Unterlagen für meine lang ersehnte Niederlassungserlaubnis fehlten, durfte ich mich für 20 Euro zwei Wochen lang in eine Fiktion verwandeln. 16 Jahre hat es gedauert, bis ich endlich die Sicherheit bekommen habe, dass ich hier unbefristet bleiben und arbeiten kann. 16 Jahre lang musste ich mir die Forderungen einiger deutscher Politiker anhören: Einwanderer sollen Deutsch lernen, Arbeit finden, sich gesellschaftlich integrieren. Erst dann werden sie belohnt: mit der unbefristeten Aufenthaltserlaubnis oder sogar mit einem deutschen Pass. Belohnt? Ich bin doch kein Hund, der von seinem Herrchen ein Bonbon bekommt, wenn er den Ball zurück bringt.

Ich habe meine Hausaufgaben gemacht: Ich habe die schwierigste Sprache der Welt gelernt, ich habe deutsche Freunde, ich arbeite beim öffentlich-rechtlichen WDR, ich zahle meine Steuern. Das alles habe ich aber nicht gemacht, um als integrationstauglich zu gelten, sondern um mir das Leben leichter und schöner zu machen. Anstatt der versprochenen Belohnung bekam ich die Fiktionsbescheinigung, und jetzt haben sie mich auch noch für tot erklärt.

Ich stamme aus einer serbisch-kroatischen Ehe, meine Frau kommt aus Bosnien, unsere Tochter hat einen deutschen Pass. Ich wohne in Düsseldorf und arbeite in Köln und habe Freunde aus aller Welt. Ich kommuniziere täglich in zwei Sprachen. Und ich bin glücklich darüber, in zwei Kulturen zu Hause zu sein! Und dann kommt die Bundeskanzlerin meiner neuen Heimat und sagt zu mir: »Junge, du, dein Lebenskonzept und deine Weltanschauung – das funktioniert nicht. Du bist tot.«

Ich weiß, dass man mit der »Multikulti ist Tod«-Aktion Politik macht, Stimmung erzeugt, und sich auch um neue Wähler am rechten Rand kümmert – das gehört vielleicht zur Demokratie. Aber machen Sie das bitte nicht auf unsere Kosten und erzählen Sie keinen Unsinn. Multikulti ist in Deutschland lebendiger denn je, und das ist auch gut so. Das ist auch einer der Gründe, warum ich hier gerne lebe.

Kein guter Serbe

An dem Tag, als der mutmaßliche Kriegsverbrecher Ratko Mladić verhaftet wurde, saß ich im Auswärtigen Amt in Berlin bei der CIVIS-Preis-Verleihung. Ein europäischer Medien-Preis für Integration und kulturelle Vielfalt, für den ich mit meiner Sendung »Balkanizer« nominiert worden war. Und wie der Zufall es wollte, stand mein Foto am nächsten Tag neben dem von Mladić auf der Titelseite der *taz*. Nicht weil ich den CIVIS-Preis bekommen hatte, der ging an den Bayerischen Rundfunk, sondern als kleine Ankündigung einer Lesung im *taz*-Café am selben Abend.

Die Lesung begann ich mit der Zeitung in der Hand: »Habt Ihr das gesehen? Ein guter und ein schlechter Serbe auf der *taz*-Titelseite. Wenn Ihr euch jetzt fragt, wer der Gute ist, dann muss ich leider sagen: Mladić. Rabrenović ist kein guter Serbe, denn er ist Halb-Kroate.« Das Publikum lachte, dabei hatte ich es ernst gemeint. Für viele Serben ist Mladić ein Held, der für den Traum von Groß-Serbien gekämpft hat und nicht nach Den Haag gehört. In ihren Augen sind Serben wie ich, die das Land verlassen haben, anstatt für die »serbische Sache« zu kämpfen, Verräter und Feiglinge. Keine guten Serben – schon gar nicht, wenn sie noch dazu »Mischling« sind.

Ich bin deswegen aber kein bisschen traurig, denn »ein guter Serbe« oder »ein guter Kroate« wollte ich sowieso nie werden. Wenn ein guter – dann eher ein Mensch. Was natürlich viel schwerer ist, als ein guter Serbe oder ein guter Kroate zu sein. Gute Serben sind nach eigenem Verständnis gläubige Orthodoxe, die regelmäßig in die Kirche gehen und ihre »Slava« feiern. Ein heiliges Fest, das den Schutzpatron der Familie feiert. Ich aber bin ein Atheist, der nicht in die Kirche geht und eher an Charles Darwin glaubt. Ich bin ein Halb-Serbe, der lieber Geburtstage als nationale Feiertage begeht. Ein Halb-Serbe, der sich für Srebrenica, Mladić, Karadžić und Milošević schämt. Einer, der nichts für den Kosovo-Mythos übrig und keinerlei Beziehung zu diesem ehemaligen Teil Serbiens hat. Ein Halb-Serbe, dem es scheißegal ist, dass Novak Djoković der beste Tennisspieler der Welt ist. Ich bin ein Halb-Serbe, der seine Heimat wegen Leuten wie Milošević und Mladić und deren Ideologie verlassen hat.

Ähnlich geht es mir mit meiner kroatischen Seite. Denn auch ein guter Kroate zu sein impliziert vieles, mit dem ich nichts anfangen kann: Als großer Katholik vor Freude zu weinen, wenn der Papst zu Besuch kommt. Ein goldenes Kreuz um den Hals zu tragen, immer HDZ* zu wählen und in Menschen wie General Gotovina** oder Sänger Thompson*** Helden zu sehen.

Ich bin jemand, der dank seiner Biographie nie nationalbewusst war und seine Nationalität nie für wichtig gehalten hat. Durch den blutigen und schrecklichen Jugoslawien-Krieg bin ich mit der Zeit sogar allergisch gegen nationale Kategorien und patriotische Gefühle geworden. Denn hinter Patriotismus verstecken sich oft Nationalismus, Faschismus und Fremdenfeindlichkeit.

Kein Balkanizer auf dem Balkan

Auch meine Mutter hat mein Buch gelesen. Mit ihren Schuldeutsch-Kenntnissen und einem Wörterbuch. Das Buch hat ihr gefallen. Sie hat aber auch viel geweint. Klar, ich habe schließlich über mein und unser Leben geschrieben. Dann sagte sie zu mir: »Zum Glück ist das Buch auf Deutsch, und die Belgrader Familie kann es nicht lesen, sonst würden sie sich von dir lossagen.« Sie sagte das halb im Scherz, aber ich wusste ganz genau, was sie meinte. Außer meiner Mut-

---

* HDZ steht für Hrvatska demokratska zajednica (Kroatische Demokratische Union) und ist eine konservative Mitte-Rechts-Partei, die unter Führung von Franjo Tudjman 1990 die ersten demokratischen Wahlen in Kroatien gewonnen hat.
** Ante Gotovina: Ein kroatischer General, der 2010 vor dem Internationalen Strafgerichtshof für das ehemalige Jugoslawien in Den Haag als Kriegsverbrecher verurteilt wurde. Das Urteil in der ersten Instanz: 24 Jahre Haft.
*** Thompson ist der Künstlername des kroatischen Rocksängers Marko Perković und spielt auf das Fabrikat der Waffe an, die dieser im Jugoslawienkrieg benutzte. Perković gilt als Nationalist und ist besonders in der kroatischen Diaspora sehr beliebt.

ter habe ich keine Familie mehr in Kroatien. In Belgrad leben zwei Geschwister meines Vaters und deren Familien. Ich liebe meine serbische Familie, aber wir leben in verschiedenen Welten. Was auch logisch ist, denn wir sind verschiedene Wege gegangen und haben uns unterschiedlich entwickelt. Damals haben sie nicht verstanden, warum ich das Land verlassen hatte, und so würden sie wahrscheinlich heute mein Buch ebenso wenig verstehen – oder zumindest falsch verstehen. Mein kritischer Blick von außen würde ihnen womöglich wehtun. Vielleicht auch, weil sie das, was mit unserem Land passiert ist, verdrängen und nicht sehen können. Oder nicht sehen wollen.

Viele meiner Freunde und Bekannten auf dem Balkan fragen mich, wann das Buch wohl in unsere Sprache übersetzt wird. Sie sind neugierig zu lesen, was ich alles in Deutschland erlebt habe und worum es in dem Buch überhaupt geht. Ich sage dann immer: »Na ja, ich weiß noch nicht, ob es eine Übersetzung geben wird. Das hängt davon ab, ob sich ein Verlag dafür findet. Und da der Buchmarkt in den Ländern Ex-Jugoslawiens sehr geschrumpft ist und man schon mit 2000 bis 3000 verkauften Exemplaren einen Bestseller landet, lohnt sich das für die Verleger wahrscheinlich gar nicht.«

Inzwischen aber habe ich sogar selbst das Gefühl, dass die Übersetzung des Buches in meine Muttersprache keine gute Idee wäre: Vor kurzem gab ich einem jungen serbischen Journalisten ein Interview, das verschiedene serbische Medien übernommen haben. Unter anderem die Internetseite von B92 – einem Radio-Sender, der Anfang der 1990er Jahre als unabhängiges Medium Milošević und dem Krieg sehr kritisch gegenüber stand. Leider ist bis heute nur wenig von dieser kritischen Unabhängigkeit übrig geblieben. Dort las ich die Kommentare zu meinem Interview: Einige waren positiv, aber auch für die meisten Leser der B92-Internetseite bin ich offenbar kein guter Serbe.

»Dieser junge Mann raubt die serbische Zeit beim WDR. Seine Gäste sind meistens aus anderen Nationen.« Oder: »Das Buch ist schlecht. Rabrenović beugt sich durch seine *politischen Gedanken* dem breiten und oberflächlichen deutschen Publikum, das angeblich nichts gegen Serben hat, aber...« Diese und ähnliche Kommentare haben mich nicht überrascht, denn zum einen ist B92 nur noch der Schatten seiner selbst. Zum anderen haben die meisten Kommentatoren weder mein Buch gelesen, noch kennen sie meine Sendung.

Trotzdem habe ich mich sofort an meine Mutter und an ihre Worte erinnert. Die B92-Kommentare zeigten mir in etwa, worauf ich mich einzustellen hätte, wenn das Buch eines Tages tatsächlich auf dem Balkan erscheinen würde. Man kann sich vorstellen, welches Echo Interviews oder gar eine Lesetour auslösen würden. Brauche ich das? Will ich das? Wozu ist das gut?

Natürlich gibt es in meiner alten Heimat Menschen, die sich für meine Geschichte interessieren und mit ihr etwas Sinnvolles anfangen könnten. Menschen, die nach wie vor sehr kritisch denken. Aber ich versuche dann doch lieber, einen konstruktiven Austausch direkt über private Wege und Begegnungen zu finden. Ich will die Mehrheit mit meinen Gedanken und Schlüssen nicht stören oder provozieren. Nicht weil mir der Mut fehlt, sondern weil ich keine Kraft mehr dafür habe. Ich habe keine Kraft und kein Gehör mehr für Verschwörungstheoretiker, Nationalisten, Patrioten, Neugläubige und Menschen, die mit ihrer Vergangenheit nicht aufräumen wollen.

Da muss ich aber wieder, wie im Vorwort, an Francis Scott Fitzgerald denken: »Bedenke, wenn du an jemand etwas auszusetzen hast, dass die meisten es im Leben nicht so leicht gehabt haben wie du.« Ich kann nicht sagen, dass ich es besonders leicht im Leben hatte. Mit der Flucht nach Deutschland blieb mir aber Einiges erspart, was der Krieg mit sich brachte. Deswegen ist es vielleicht auch nicht angebracht, aus meiner Position heraus groß über den Balkan und die Balkanesen zu predigen. Mir bleibt nur die Hoffnung, dass bessere Zeiten für meinen Balkan kommen. Dass die Jugos sowohl in Belgrad, Zagreb und Sarajevo, als auch in Wien, Chicago oder Sydney noch stärker ihre Gemeinsamkeiten pflegen. Dass irgendwann wieder die schönen Dinge das Balkan-Bild dominieren.

Inhalt

Vorwort 7

1

Zwischen zwei Welten 11
Partisanen-Deutsch 21 – »Deutsch, Grundstufe 2« 23 – »Deutsch, Oberstufe« 28 – Marke mit Akzent 29 – Abgestempelt 33 – Brot und Salz in Holland 36 – Etwas ist faul im Staate Dänemark 38 – Wer ledig ist, muss studieren 44 – So wird man »öffentlich interessant« 46 – Fiktionsbescheinigung 47 – Meine Dayton-Matte 49 – Karteileiche, nein danke! 53 – Ein Balkanese als mexikanischer Koch 55 – Gut bezahlter Pflanzenschutzmittel-Einatmer 57 – Musikjournalist in Postuniform 59

2

Wiedersehen in Schrecklinghausen 67
Mein deutsches Frühstückstrauma 70 – Stupid guy... scheiße, Polizei! 71 – Integriller 72 – Die Wüste Gobi und der deutsche Alltag 76 – Immer schön nett sein 79 – Verein, sonst allein 80 – Deutsch-balkanesische Sprachver(w)irrungen 82

3
Balkanklänge 89
Jugoslawische Neue Welle 91 –
Turbofolk-Volk 93 – Allein unter Jugos 96 –
Die flache Balkanbeats-Welle 97

4
Fünfzig Quadratmeter Jugoslawien 103
Bürger des Universums 105 – Wem gehören
die Weinblätter? 107 – Wenn der Krieg im Kochtopf
landet 109 – Wenn sich »unsere Leute« in »unserer
Sprache« unterhalten 111 – Gastarbeiter-Spagat 113 –
»Kosovo ist Serbien« 115

5
Integration ohne Mutation 119
Düsseldorfer Mädel mit balkanesischen Eltern 121 –
»In Deutschland spricht man Deutsch!« 122 –
Verzögert angekommen 123 – Anpassungskünstler 125 –
Meine deutsche Freiheit 127 – Fünf Jugos, eine
Vorliebe 129 – Wozu ein deutscher Pass? 130

6
»Trrrotzdem« beim Radio gelandet 135
Deutsch-balkanesische Oral History 138 –
Eine Gitarre mit Kosename 139 – Krieg im Radio 140 –
Lizenz zum Balkanisieren 143 –
Gesund, rund und fröhlich 144

7

Eine Band, die vergiftet 149
Unsere Balkanplatte 151 – Mission Eurovision 153 –
Mit Hubert Kah im Sternenhimmel 155

8

Alte Heimat, neue Heimat 161
Fremd im eigenen Land 163 – »Wer hier nicht verrückt
wird, der ist nicht normal« 164 – Einfühlungsvermögen?
Fehlanzeige 167 – Ein Belgrader in Kroatien 169 –
Mobiler Flachwurzler 172

Zugabe

Wer schafft sich hier ab? 177
Bin ich etwa tot? (taz, 7.12.2010) 179 –
Kein guter Serbe 180 –
Kein Balkanizer auf dem Balkan 182

Robert Griess
Stappers Revolte

»Noch nie hat die Unterschicht so treffsicher zurückgeschlagen.« *Münchner Abendzeitung*

Klappenbroschur – ca. 300 Seiten
Hörbuch (Autorenlesung) – 3 CDs

Stapper probt die Revolte. Der Familienvater auf Hartz IV lässt sich nichts mehr gefallen! Ob im Bioladen, im Nobelrestaurant oder beim Tantra-Tai-Chi: Stapper wird zum Phantom der Wohlstandsgesellschaft, das mit anarchischem Spaß überall Angst und Schrecken verbreitet. Doch dann gewährt dieser moderne Don Quijote der Großstadt seinem Mittelschichtsfreund Schober Asyl und verliebt sich ausgerechnet in eine vegetarische Power-Pilates-Prinzessin. Plötzlich hat Stapper Feuer unterm Dach und die Revolte auch in den eigenen vier Wänden ... Robert Griess hat mit »Stappers Revolte« eine so aktuelle wie unterhaltsame Unter- und Mittelschichts-Saga voller satirischer Kabinettstückchen geschrieben. Ein hochkomischer Polit-Psycho-Action-Milieu-Roman zwischen Aufstand und Ayurveda.

www.tagundnacht-verlag.de